管理三谋

谋变，谋事，谋效益

——方军◎编著

中国华侨出版社

·北京·

图书在版编目 (CIP) 数据

管理三谋：谋变、谋事、谋效益 / 方军编著 . —北京：中国华侨出版社，
2004.2（2024.11 重印）
ISBN 978-7-80120-772-2

Ⅰ. 领… Ⅱ. 方… Ⅲ. 管理学—研究 Ⅳ .C93

中国版本图书馆 CIP 数据核字（2004）第 000015 号

管理三谋：谋变、谋事、谋效益

编　　著：方　军
责任编辑：刘晓燕
封面设计：胡椒书衣
经　　销：新华书店
开　　本：710 mm × 1000 mm　1/16 开　　印张：12　　字数：130 千字
印　　刷：三河市富华印刷包装有限公司
版　　次：2004 年 2 月第 1 版
印　　次：2024 年 11 月第 2 次印刷
书　　号：ISBN 978-7-80120-772-2
定　　价：49.80 元

中国华侨出版社　北京市朝阳区西坝河东里 77 号楼底商 5 号　邮编：100028
发 行 部：（010）64443051　　传　真：（010）64439708

如果发现印装质量问题，影响阅读，请与印刷厂联系调换。

"管理"一词含义较多，既可以指企业公司管理，也可指人生管理。当然，还有其他方面的内容，正是因为如此，我们在编辑此书的过程中，主要是兼顾前面这两种管理的主要含义，去展开本书的主要观点。

美国著名企业策划家乔治·布朗说："管理的意义是非常重要的，它对于一个公司，或者对于个人来讲，都有相当大的制约力和影响力。就公司而言，任何符合规范化发展的公司，都必须进入到一种高水平的管理轨道之中；反之，就会自己葬送自己。在人生的管理中，也存在同样的道理——人生就是一场自我管理的智慧游戏，只有善于管理自己的人才能让自己出类拔萃！"

的确，无论是公司也好，个人也好，都离不开管理——包括管理的智慧、管理的方法、管理的手段等，但就其根本方面而言，我们认为，管理三谋——谋变、谋事、谋效益是最为紧要的。之所以这样讲，是因为任何事情，特别是难度较大的事情，都离不开智慧之谋、方法之谋、手段之谋，而这一切都可归结为两个字，即"成功"！

自然，谋有大有小、有高有低、有多有少，胜败不言而喻。"管理三谋"突出地强调，要把工作或人生的各个环节，当作一个系统工程来谋算、来操纵，这样才能保证不"马失前蹄"，稳步而行。遗憾的是，在实际生活中，有许多人对管理三谋知之甚少，甚至视而不见，这是可悲的！以下我们简要总结"管理三谋"的整体含义：

所谓谋变之道在于紧紧抓住一个"变"字，去应对各种出人意料的情况，而不能用死脑筋去对待活问题，否则，就必败无疑。所谓善变，就是要善谋，就是指要凭眼力和脑力去观察随时可能出现的各种活问题，随机应变、变换手法，把难以做成的事做成。

所谓谋事之道在于抓任何事情都不能浮在表面，而应该深入到内部才能见实效，做事情并不简单，它需要周密的策划、精细的谋算，才能增加成功的概率。对各种管理工作而言，在这方面尤为注意。

所谓谋效益之道在于：做任何工作都必须与效益挂钩，没有效益的工作，等于白干，尤其是在公司中，更是要把效益摆在第一位。效益一方面是靠"管"出来的，一方面是靠"干"出来的，但是都离不开一个"谋"字，谋划得越深，越滴水不漏，工作效益就越高；否则，你的公司就会一盘散沙，出现内部空虚。

可见，管理三谋的重要性决不是简简单单的一个理论问题，而是一个实实在在的成功之道。许多大大小小的管理书籍，尽管不乏可以借鉴的观点，但是，大都零散，要么理论高到天上去，要么全篇散乱如乱麻。本书想在"管理三谋"这个概念上作一突破，强调谋变、谋事、谋效益三大绝道之间的内部联系和实际作用，力图给大家带来一点启示。当然，对书中的不足之处，希望大家指正！

目 录
Contents

第一部分　谋变

抓管理不能不求变，应当在不断的变化中调整自己的思路，从而把各个环节管理得秩序井然，形成一盘棋。无怪乎，美国管理大师德鲁克说："管理中的变化是保证一个公司立于不败的硬件。"任何一名管理者，都要在"变"字上下功夫，切忌让自己的管理方法落了俗套。

第二部分　谋事

管理工作中大小事情不断，繁简不一，但是小事中有大事，大事中有小事，因此管理者必须善于谋事，把大小事情作一揽子工程，条分缕析，从不错乱。这种精确化、条理化的谋事手法，可以让管理工作走向合理化、科学化、有效化。有些管理者不善谋事，总是用机械化的方式去做事，应当戒之。

第三部分　谋效益

管理是手段，效益是目的。这个道理本不用多讲，只需要落实到具体的工作中即可。但不可回避的事实是：有些管理者并不是以效益为目的，所以难以给单位、公司创造财富，这等于是"只打雷不下雨"式的管理误区。真正的管理者应当把管理手段与工作效益有机地结合在一起，这才是明智之举。

② 活力之道：善于激励 //091

第一部分

谋 变

抓管理不能不求变，应当在不断的变化中调整自己的思路，从而把各个环节管理得秩序井然，形成一盘棋。无怪乎，美国管理大师德鲁克说："管理中的变化是保证一个公司立于不败的硬件。"任何一名管理者，都要在"变"字上下功夫，切忌让自己的管理方法落了俗套。

所谓谋变之道在于紧紧抓住一个"变"字，去应对各种出人意料的情况，而不能用死脑筋去对待活问题，否则，就必败无疑。所谓善变，就是要善谋，就是指要凭眼力和脑力去观察随时可能出现的各种活问题，随机应变、变换手法，把难以做成的事做成。

脑力方程：靠智慧行变

增强自己的管理信心

在管理工作中，如何增强自己的办事信心呢？不妨这样：

1. 改善外表

换一套新洗过的衣服，去理发店吹个头发，使你觉得焕然一新。因而增强自信。

2. 进行想象练习

想象你正处在最感羞怯的场合，然后设想你该如何应付。这样在脑海里把你害怕的场合先练习一下，有助于临场表现。

3. 吸收他人的经验

留心观察和学习别人主宰情势的做法。

4. 逐渐接近目标

可以减少你的焦虑。

5. 专心倾听别人的讲话

例如在轮到你讲话之前，先专心听别人怎么讲。一来可以分心，不再一心挂念自己。二来当你讲话时，别人也会专心听你的。

6. 多提"问答题"少提"是非题"

可以使你处于主宰的地位。

7. 技巧多加演练

例如你要出席一个舞会，就在事前先练习一下当前流行的舞步，可以减少到时出现尴尬。

8. 多找你不认识的人谈话

例如在排队买东西时，多与人攀谈。可以增加你的胆量和技巧，又不至于在熟人面前出丑。

9. 避免不利的字眼

例如与其自己对自己说"我感到很紧张"，不如说"我感到很兴奋"。

10. 确信一个事实

在别人的心目中，你并不像你想象的那样害羞。

11. 设法避免紧张时的动作

例如你演讲时手会发抖，就把讲演稿放在讲台上。

12. 事情做好了，不忘自己庆祝一番

有助于增进你的自信。

13. 多多参与

不要拘泥，多参加活动，多与人接触，对克服羞怯心理很有帮助。

14. 重要的三大原则

①确信自己一定会成功，摒弃一切不利的想法。

②人无完人，不要因为自己的弱点而自怨自艾。

③相信天下谁都或多或少地有羞怯心理。

多听逆耳之言

忠言逆耳。作为管理者要想搞好自己的工作，必须学会聆听忠言，以防失手。有人说："部属给予君主诚恳的谏言，比上战场冲锋陷阵还有价值，"这话极有道理。

堀秀政是一位文武双全的人，曾经辅佐织田信长和丰臣秀吉两个霸主。当时的人都称赞他是国家的栋梁。有一天，在领地的城墙附近，发现有人竖立了一面木牌，上面列举着三十多条秀政的政治过失。家臣们商量之后，决定把那面木牌拿给秀政看，并且非常愤怒地说："竖立这块木牌的人，实在太可恶了，应该逮捕并严厉处罚。"

秀政把木牌上所写的"罪证"，仔细地读过之后，马上穿好衣服，洗洗手，漱口，并用很恭敬的态度，把木牌举起来说："有人肯这样严格地指正我，实在太难得了，我应该把它看成上天的赐予。并当做传家之宝，好好收藏。"于是，把木牌用一只精美的袋子包起来，然后再装进箱子里，并召集家臣幕僚，将木牌上所列举的过失，详细检讨，从此秀政的政绩更加辉煌了。

常言说得好："良药苦口利于病，忠言逆耳利于行。"由此可见，一位领导者在推动一项新的计划时，一定要征求部属的意见，留意各方面的批评，因为那些批评，很可能就是推动这项计划成败的关键。就是治病的"良药"。因此不要只注重赞美的言辞，因为那对"使事情做到更完美"的目标，是毫无帮助的。

一般说来，人都喜欢听华丽的言词，对于批评，是不容易接受的，所以部属为了讨好上司，往往只讲好话，因此领导者就很难听到部属真正的意见了。一个经营者若不明了自己在什么地方有过错、什么地方需要改进时，就应该多多鼓励部属提出批评，并听取部属的意见，虚心接受，这才是一位管理者所应具备的条件。

考虑好再做

管理者做决策需要深思熟虑，然而思考的方式却有很多。由于正确的解决之道只有一个，因此集思广益是非常必要的。当你需要构思一个新的做法时，像思考如何减少股票投资损失这样的问题时，你需要知道各种不同角度的想法，不论它是截然分歧的看法，是片面的想法，或是富有创意的思考。

每个人或多或少都有一些创意。而你所要扮演的角色，是建立一种激励创新的工作气氛，让你的小组工作成员在这种气氛里能勇于提出新构想。

（1）了解你的职权限制以便做决策工作。假如你不太确定的话，要去问你的上级经理，请他就你的权限范围做一番确认。

例如你在公事上的各项支出，报账时，其金额在多少钱以内可以不需要单据，你有权给客户折扣，或是同意退费吗？假如有，最高的限度是什么？你可以聘用人员或辞退员工吗？类似这些问题，你都需要有一个明确的指示可以遵行。

（2）勿要求你的经理帮你做决策。假如你碰到困难时，把各种可能的做法列一张表，选择其中的一项，然后与你的部属商量，将这种方法向你的部属做说明，训练他们也能自己做决策。

（3）不要把你所列的那些不同作法，都看成是互相抵触的，事实上它们很少会有那么截然不同的分别。最好的做法也许是采用折中的方式。例如假使你手下两个最得力的业务人员都想要担任公司的代表，这时你何不干脆把他们两人都派出去，给你的顾客来一个最深刻的印象呢？

（4）在做决定时，要尽可能地收集各有关资料。决策的制定是根据事实而不是你个人一时的情绪好恶。

（5）往后退一步，把问题做一番审慎的思考。唯有正确的决策才能解决问题。

不同的人有不同的才能，有些人擅长数字，有些人擅长文字，有些人则对史哲有天分。在做决策以前，要把你小组工作人员的才能派上用场。

（6）永远不要违背公司的政策。如果你认为公司的某一项规定有错误，你要在私下会谈时向你的上级经理提出质疑，让他知道不能因为"这是公司的政策"或是说"这些事情公司一直都以这种方式处理的"，就让一个不好的制度一直持续下去。一个经营成功的公司不会把已经确立的各种制度，都当做是绝对的。创新的构想之所以会产生，往往是因为人们从不同的角度去思考问题的结果。

（7）如果你对上级所做的某项决定不满意，你要冷静地与你的经理讨论这个问题。讨论之后若仍然不满意，那么有三种选择：一是接受这项决定并给予全力的支持；二是将这个问题通过投诉程序向更高阶层反映；三是辞职。不要嘀嘀咕咕地接受这个决定，然后又在你的小组人员面前大加批评。你不是拿了薪水到公司来制造纠纷的，或是把你的工作同仁弄得无所适从，而且就算给你和每一个员工都不支持的决策撇清关系，也不能因此便赢得伙伴们的忠诚。

（8）干着急并不能解决问题。把事情从头到尾想一想，如果需要找别人帮忙时，不要觉得很勉强。

（9）当你的工作人员中，有人向你要求一些比较特别的待遇时，你要在同意之前仔细地想清楚。如果你同意让你的秘书延长他的假期，而却又拒绝其他人相同的要求，那你会表现得前后不一致，你的员工也会觉得很不满。

（10）你若决定因某些特殊的情况而放员工一天假，那你要把特殊情况的内容向员工说明清楚，否则员工可能会将之误认为是一种惯例。假定你连着星期五因为业务较清淡的关系，特准员工提早下班回家，那么这并不表示员工第三个星期也可以提早回家。

要不断向别人学习

人与人之间是一个相互学习的过程，必要的学习是提升自己的一种手段。

有这样一个故事：

张雨和李琦差不多同时受雇于一家超级市场，开始大家都一样，从最底层干起。可不久张雨受到总经理青睐，一再被提升，从领班直到部门经理。李琦却像被人遗忘了一般，还在最底层混。终于有一天李琦忍无可忍，向总经理提出辞呈，并痛斥总经理狗眼看人，辛勤工作的人不提拔，倒提拔那些吹牛拍马的人。

总经理耐心地听着，他了解这个小伙子，工作肯吃苦，但似乎缺了点什么，缺什么呢？三言两语说不清楚，说清楚了他也不服，看来……他忽然有了个主意。

"李琦，"总经理说，"你马上到集市上去，看看今天有什么卖的。"

李琦很快从集市回来说，刚才集市上只有一个农民拉了一车土豆在卖。

"一车大约有多少袋，多少斤？"总经理问。

李琦又跑去，回来后说有40袋。

"价格是多少？"李琦再次跑到集上。

总经理望着跑得气喘吁吁的他说："请休息一会吧，看看张雨是怎么做的。"说完叫来张雨对他说："张雨先生，你马上到集市上去，看看今天有什么卖的。"

张雨很快从集市回来了，汇报说到现在为止只有一个农民在卖土豆，有40袋，价格适中，质量很好，他带回几个让总经理看看。这个农民过一会还将弄几箱西红柿上市，据他看价格还公道，可以进一些货。想这种价格的西红柿总经理大约会要，所以他不仅带回了几个西红柿做样品，而且把那个农民也带来了，他现在正在外面等回话呢。

总经理看看脸红的李琦，诚恳地说："职位的升迁是要靠能力。不过眼下，你还得学一段时间，看看别人都是怎么做的。"

这则小故事告诉大家以能论职的同时，也明白地告诉我们，要想提高自己的能力，必须学习，向他人学习。

在民间，父母训斥子女不会办事时，在单位里，领导训斥员工不会办事时，常说这样的话："你没吃过肥猪肉，你还没见过肥猪走吗？人家别人是怎样办事的，你就没看到？你就学不会？"这样的话虽然有点难听，但却清楚地点明了一个简明而实用的常理：那就是通过观察，可以学到很多办事的能力。

当然，一个人办事是否周全、细致、圆滑，固然与他的天生素质有关系，但这不是绝对的素质问题，有很多东西都是经过后天的学习、培养、锻炼出来的。

常言说，留心处处皆学问。生活中，工作中，我们身边能说会道、会办事的人很多，他们的言行举止都应该是我们所应注意观察和学习的。看他们怎样与领导说话，看他们怎样求同事帮忙，看领导怎样给下属安排工作，怎样批评下属等等。然后，动动脑筋分析一下他们为什么这样做，观察一下这样做所达到的效果怎样。那么，成功方面的，我们应尽量去借鉴，吸收，失败方面的，我们尽量去避免。

著名美籍华裔舞蹈家孟某对上海某大酒店的一位门厅服务员，就曾做过细心的观察。他第一次到该酒店，这位服务员向他微笑致意："您好！欢迎您光临我们酒店。"第二次来店，这位服务员认出他来，边行礼边说："孟先生，欢迎你再次到来，我们经理有安排，请上楼。"随即陪同孟先生上了楼。时隔数日，当孟先生第三次踏入酒店大门时，那位服务员脱口而出："欢迎您又一次光临。"孟先生十分高兴地称赞这位服务员："不呆板，不机械，很有水平！"

这位服务员当受如此表扬。他并非学舌鹦鹉，见客只会一声"欢迎光临"，而能根据实际情境的变化运用不同的客套话，表现出他对工作的热爱和说话的艺术。

显然，这位服务员的服务水平是值得他的同行们去观察、学习的。也只有像这样能够随机应变的人学习，才能会使自己的说话能力、办事能力得到提高。

香港著名富豪李嘉诚就非常注意培养他的儿子观察学习别人的说话艺术及办事能力。每当有重要的会议，会见重要的客人，处理公司的一些问题时，他总是让他的儿子在一旁观察，倾听，领会。也正因为他对儿子的悉心培养，才使得他的两个儿子在今天从容地支撑并发展起他的经济王国。

平常，我们观察学习他人的机会很多，亲自锻炼的机会也很多。在家庭里，来了客人，怎样应酬才让客人满意；在单位里，看客户怎样与领导洽谈；到酒店里宴请客人，看服务员如何招待等等，只有处处留心，认真观察学习，才能提高我们的办事能力。

坚强的毅力

毅力的强弱，足以影响一个人的前途。毅力是应付困难的工具，毅力强，则你的智力、能力即使较差，也能克服困难，而使你达到成功之途。古人曾说："人一能之，己百之，人十能之，己千之。"又说："勉强而行之。"无非是表示毅力能够坚强，就能达到"虽愚必明，虽柔必强"的境界。毅力坚强就是至诚，能至诚必能久征，"不息则久，久则征，征则悠远，悠远则博厚，博厚则高明"。征是毅力坚强的第一结果，博厚是毅力坚强的第二结果，高明是毅力坚强的第三结果。征是成功的第一步，博厚是第二步，高明是第三步，总而言之，有毅力总会成功的。成功可分三步，也就是说毅力的强度可分三等。你希望能得到多少成功，就看你有多少毅力。中庸的要点，完全在于阐发毅力的重要性，并就哲理的根据，保证你的毅力，绝不会白白花费掉。毅力是从哪里产生力量的呢？就在遇到困难的时候。对于困难的演化，《中庸》分析得十分清楚："诚则形，形则著，著则明，明则动，动则变，变则化。"形著明动变化是困难演变的六步演化，也就是向你保证，只要花一分毅力，就能得到一分成果，绝不是最后的毅力才有成果，以前的毅力却是无用的。

毅力坚强的人，最易引起别人的同情与敬佩。某公司，常利用休息日，组织职员参加爬山运动，来锻炼个人的体格。年轻同事，当然高兴报名参加，但中年以上的人，多数已无此兴趣，而某乙却毅然决然参加了。因为年龄的关系，体力已差，某乙便落到年轻人的后面。而在年轻人当中，有的早已捷足先登，有的却在中途就折回去了，但某乙还是努力地向上爬，虽然累得汗流浃背，气喘如牛，而终于爬到了山顶。其上司，非常赞许某乙的毅力，有一天，便亲自到某乙家去访问他，闲谈之余，更觉某乙的精神令人钦佩，于是就让某乙担任他的秘书。某乙办事，也如他的爬山一般百折不挠，工作成绩自然也就胜人一筹了。

所以你不必问前途困难有多少，只要问你的毅力是否始终不断就够了。比如炸山开路，你不停地炸，再回头看看已炸成的路，证明你的用力，丝毫没有白费，却不必估计未炸的石壁还有多厚，几日炸不完，就花上几个月的工夫，几个月炸不完，就用几年的时间去炸。前面的石壁，越炸越薄，而你的毅力却取之不尽，用之不竭，以不尽不竭的毅力来对越炸越薄的石壁，则胜券在握，哪里还会气馁，哪里还会失败呢！

不断提高自己的知识水平

从表面上看，经商难免言商，追求尽可能高的利润，而文化人本来耻于言利言商，二者似乎是不相容的。其实并非全部如此。

第一，文化和经济有相通之处，比如中国儒家的思想学说、道德观念对于现代的经济管理和社会经济发展也有积极影响。如今很多成功的海外华商都信奉儒学教义。具有儒商风范。他们的高明之处在于，深知做生意和做人一样，都要讲德行，高贵不淫，生活节俭；在商务交际中重信誉，守信用，以诚待人；在经商经营中，他们重视天时、地利、人和的关系，能以仁爱之心对待同事员工，使企业内部团结一致，充满祥和的瑞气。

第二，商人多一点书卷气，不仅能够在交际中多一些谈话趣味，容易给人以信任感，更重要的是本人也多几分自信和选择，在交际中善进善退，应付自如。在现代社会中，商界也颇讲究知识、修养和格调。生意做得越大，对此要求就越高，慕名慕才而来做的生意就越多。而知名度也更明显体现出一种商业价值，在这种情况下，生意人本身的文化修养在商务交际中的意义就越来越大，成为一种看不见的财富。

其实，具有学者风范又精通经商之道的人在中国古已有之。像子贡、范蠡、司马相如等，都可以说是中国古代的儒商。到了明、清之际，中国手工业发达，商品经济开始萌芽，儒与商的结合就更加密切了，很多儒士经商取得很大成功，名声大振。而在商界，做生意不忘"雅好诗书"，互相诗文酬唱，形成了中国文化中独特的儒商传统。

可见，具有儒商风范在商务交际中很有优势。就是根据常理来说，谁都不怎么喜欢毫无趣味、满身都散发出铜臭的人。因此生意虽然是生意，但是人在做生意中总喜欢多一分别的趣味，给人生多添一种风采。

当然，要有儒商风范，就必须时时处处注意学习，提高自己的文化修养和知识水平，这是不言自明的了。

在困难面前身先士卒

在《说苑》中，记载着这么一个故事：

战国时代，齐大半国土都被燕占领。这时，齐国田单将军率下属以火牛阵奋勇抗击侵略军，收复失地，并乘势割据燕国许多城池。因田单救国有功，被封侯，并领有采邑。

不久，北方狄人作乱，为害中国。国君又派田单去迎敌。行前，田单拜访鲁仲连，征求他的意见，鲁对他讲："将军此度战狄人，恐难以攻下城池。"

田单听后，心中不悦，答道：

"我田单曾以5里方圆的内城及直径只有10里的外城防御工事，恢复了整个齐国，怎么会打不过狄人呢？"

以此结束了与鲁的谈话，愤愤登车而去。

果真如此，田单领军与狄人对垒，交战三月，也无破狄人城池之计。当时，齐国小孩都编出儿歌，以讽刺田单军队。

如此势态，田单忽想起临行前，鲁仲连说过的话，便又去拜访求教，他谦逊地说："在下不察，没有听信先生言，以致战势不理想，敢请赐教个中原因？"

鲁仲连答："上次将军守墨城，国家危在旦夕，身为大将的您，如国不复存在，您也无法脱身，说不定要沦为阶下囚，唯有带领士兵立下拼死一战的决心，奋力冲出重围，才有生的希望。因此，全军士气高昂，其势锐不可当，这是您上次胜利的原因。"

"这次将军是立下赫赫战功而被封为安平君，有万户之邑可以游宴玩乐，有万户之富可以安身立命。您只有享受人生，而没有舍身救国的准备。将领是士兵的主心骨，士兵是将领的手与足，您都放松了战备意识，士兵又怎会有此觉悟呢？心不定，手足安能动弹？这便是你无法攻陷敌城的原因。"

一席语，使田单立刻提起精神，重返战场，身先士卒，亲临阵地侦察敌情。总攻时，首先冒着矢风箭雨冲入敌阵，指挥若定。如此英勇的气度，使士气大振，终于攻破敌城。

可见，领导的风范，能直接鼓励、带动着下属。作为现今领导他人从事事业的领袖，如能保持镇定、不怠的心理，临阵不慌能泰然自若地处理好各种事物，真乃是一种明智的领导艺术。

把握之诀：让思维穿透一切

超越管理误区

要解决管理的误区，首先是思维不能陷入误区。我们知道，管理是件非常复杂的工作，各个企业都有自己的管理误区，突破了就会成功。对企业管理者而言，管理是头等大事。或者说把管理如何做得条理清楚，程序明确，上下一致，是他的管理重点。但是一名优秀的企业管理者应该懂得怎样在实际工作之外培养自己的管理思维，怎样才能把平时的积累化为自己的思维能力。这就是所谓"超越管理误区"。

超越管理误区，是作为一名企业管理者在工作上必不可缺少的能力，许多成功的企业管理者往往具备了这一魅力，才能赢得大家的赞誉。超越管理，不是越权，而是在自己工作方法上、思维上的超越，在自己工作精神上、素质上的超越，企业管理者掌握了这一点，工作会更轻松，更挥洒自如。

超越管理误区，看起来比较抽象，但也是最具意义的。这个成功的掌握部属的法则，就是要开阔胸襟，放开眼光，多在工作环节上动脑筋，多在工作之外寻求一些补充自我营养的"佐料",多方面地充实自我与磨炼自己。

具体一点地说,例如:多数的企业将工作详细分类,每一种工作有其一定的实行方针,由于规定过于详尽,工作者难免会固执于它的方法,将它当成工作的目的,反而忽略了工作本身更大的意义。而这也就是身陷管理误区的结果。那么,是否可以找到一条捷径,把管理开展得清楚明了呢?

要确实做到超越管理误区,首先就是要扩展你的视野,其方法如下:

(1)与企业以外的人尽可能多地接触,聆听他们的意见。

(2)多阅读书籍,参加讲习会,听演讲等。

(3)多与同事及部属闲谈。

总之,一个心胸狭窄、视野短浅的人,必无法成为成功的企业管理者。国家有百年之计,企业的经营,同样也需要高瞻远瞩,而不是一味地迁就现实,这是最重要的。

企业管理者比别人高明之处应在于:能够及时发现一项工作在什么环节上出现了障碍,而且导致这个障碍产生的原因是什么?是由于以前的工作思路而致,还是工作的条框太多;是由于安排的工作方法欠妥当,还是有人不能胜任。诸如此类的问题,一定要弄个水落石出,才能超越管理误区,真正把工作做得出色。

在艺术创造中,有"功夫在诗外"的说法。同样,企业管理者要避免陷入管理误区,也要在自身的思维、方法上多下些功夫,真正做到"换脑筋,想办法,干实事",不能死钻牛角尖。只有开通的大脑,没有呆板的工作。关键要看你是否能想个明白,尤其是在新的竞争环境里,你更应该想明白管理的一些具体方法，并以此激活企业效益！

大权集中小权分散

智慧型的权力思维表现在——如果你是企业的管理者，处于企业的中心地位，在权力的运用上应做到大权集中，小权分散。

小公司、小企业虽然规模不大，但处于当今高速发展的社会和以平等自由为基准的社会关系中，管理者不能不讲科学性，只会一味蛮干，忙忙碌碌，到头来很可能"捡了芝麻，丢了西瓜"。

古今中外的管理者在集权和分权问题的处理上，给今天的管理者们留下许多经验和教训。

西汉丞相陈平，有一次皇帝问他："全国一年判决多少案件，收多少钱粮？"他回答："这些事，可问主管部门。丞相只主管群臣，不管这些事。"

诸葛亮被后世人誉为智慧和聪明的化身，但他的致命弱点便是"政事无巨细，咸决于亮"。他为了报答刘备的知遇之恩，完成先帝的托孤之重任，"寝不安席，食不甘味"，"夙夜忧叹"，终于积劳成疾，只活了54岁就谢世了。连他的对手司马懿也曾预料到："食少事烦，岂能长久？"后人在推崇他"鞠躬尽瘁，死而后已"的忘我精神和运筹帷幄的超人才华之余，则又对他事必躬亲的作风不胜惋惜。把大小事情全都自己包揽起来，日夜拼命工作的领导者，只能导致自己忙得团团转，甚至像诸葛亮那样累死。

而另一方面，下属被夺去了应有的权力，其积极性被大大挫伤。《韩非子》中"乐池用门客"的故事就是一例：

中山国相国乐池，奉命带领百驾车马出使赵国。为了管好队伍，他在门客中选出一个能干的人带队。走到半路车队不听指挥乱了行列，乐池责怪那个门客说：我认为你是有才能的人，所以叫你来领队，为什么到半路就乱了阵脚？那门客回答：你不懂管理技术，要管好队伍，就要有职有权，能根据各人的表现对他实行必要的奖惩。我现在是下等门客，你没有授给我这方面的职权，出现失误为什么要怪我呢？

所以，企业管理者要腾出精力、时间抓大事，就必须使用分权术；要想调动部下积极性，就必须坚决授权。

把眼光落到大环境中去

思维是一个广阔的空间，只有把它引入更大的环境中去，才能让企业获得更大的发展。当然，在企业发展的过程中，这种思维的远大常体现在管理者的眼光上。

1990年夏秋之际，美国第一空降旅在撒哈拉沙漠投下第一个降落伞，这时的人们并没有把海湾战争同中国的修船业联系起来。而上海外轮修理厂厂长吴国志却率先提出了"海湾离我们不远"的命题。上海外轮修理厂从来不修伊拉克和科威特的船，但是他们修香港的船。海湾战争会影响石油的生产，石油严重减少，也必将影响香港的油运业。香港的油运业受到损失，港船在大陆的修理业务就会急剧下降，上海外轮修理厂就会受到影响。据此，吴国志马上做出决策，超前改变经营格局，去开辟新的市场。这就是吴国志的眼光，他把本企业的经营置于国际大舞台上来考虑，以世界政治、经济形势的变化作为本企业发展决策的依据。有人说，吴厂长是厂长兼管外长的事。吴厂长却认为，国际风云变幻，市场串联一气，企业家就得有一点外交家的眼光。

吴国志的同行们都赞叹他有一双慧眼，但他本人却不这样看。他成功的奥秘，在于他能将本厂的经营置于世界这个大范围之中来考虑，以世界形势变化发展的实情，作为自己决策的依据。这是他不同于他的同行们的一个特点，正是这一特点，使他领导的企业在风云变幻的世界政治、经济形势中，处于不败之地。

吴国志厂长根据对海湾战争形势的正确判断，及时做出转变经营方向和开拓新市场的决策，其成功的经验是很值得每一位现代企业管理者深思和借鉴的。

大环境的变化与企业经营决策有着十分密切的关系，是影响企业经营决策的一个十分重要的决策因素之一。对此，每一位企业管理者都必须有充分的认识，这是企业经营适应大局势参与国际市场竞争的必然要求。为适应这些要求，使企业在国际国内竞争中立于不败之地，就需要企业管理者能在关心本企业、本行业、本地区、本国家的大局势和格局的基础上，进一步地开拓思路，放开眼界，以一种谋算家和企业家相结合的眼光，从战略的高度、广度和深度去观察、分析和把握变化的脉搏。同时，需要企业管理者能尽快地、不断地提高自己认识问题和分析问题的能力，提高自己的思维能力和领导艺术，善于将待决策问题放到大局势之中，结合自己的具体实际情况，进行综合、系统的分析、判断、谋划和设计。

敢于改变思路谋求新天地

没有创新，肯定会毫无作战能力。创新即突破常规，创造机遇，找到新招。因此，要敢于改变思路谋求新天地。

创新意识，犹如一层窗户纸，不捅破不明白，而捅破这层窗户纸是十分容易的，一旦捅破，一切都明明白白了。

其一，我们将要面对的未来世界，不是一个故步自封的世界。而是一个充满竞争的世界；而这种竞争，主要是创造力和创造性的竞争。其二，真正创造性活动的指向，基本出发点不应当是要妨碍别人干什么，而是应当促进人类社会活动（也包括自己所创事业）的进展。"布里丹的驴子"的故事很能说明问题。

有一头驴子，它肚子很饿，而在它面前两个不同方向上等距离地有两堆同样大小、同样种类的料草。驴子犯了愁，由于两堆料草和它的距离相等、料草又是同样的数量和质量，所以它无所适从，不知应该到哪堆料草去才是最短距离，才最省力气，于是在犹豫愁苦中饿死在原地了。

这则寓言其寓意是深刻的，除了故事创造者们的批驳布里丹环境决定意识的观点外，它还揭示人们：许多时候，只要有点创造意识，就会焕发创造行动，就会有活力；而呆板凝滞是足以扼杀创造性的。

前几年，有个人卖一块铜，喊价 28 万美元，好奇的记者一打听，方知此人是个艺术家。不过，对于一块只值 9 美元的铜来说，他的价格是个天价。他被请进电视台，讲述了他的道理：一块铜价值 9 美元，如果制成门柄，价值就增值为 21 美元，如果制成工艺品，价值就变成 300 美元，如果制成纪念碑，价值就应该值 28 万美元。他的创意打动了华尔街一位金融家，结果那块铜最终制成了一尊优美的胸像——也就是一位成功人士的纪念碑，最终价值为 30 万美元。从 9 美元到 30 万美元之间的差距就是创造力，或者说创造力的价格。

奥列佛·温特·怀斯曾说："人的智慧如果滋生为一个新点子时它就永远超越了它原来的样子，不会恢复本来面目。"

创造力本身不是奇迹，人人都具备它，但它产生的成果却应该被冠以奇迹的美称。至于创造力的含义，我们这样来理解它：

（1）创造力：对你来说，只要是新的点子的产生，都应归于创造力，也就是说创造力就是创新的能力。

这一点需要强调的是，只要对你来讲是新点子就行了，因为别人在你之前完全可能已经有过你的想法了。

另外，创造力的含义还得包括以下三点：

（2）创造发明：也就是将创意实际运用。

（3）有创造力的想法：这是与生俱来的天赋。只不过有很多人需要通过学习、训练、指导、开发和应用而已。总的来说这是解决日常生活问题的一项优秀技能。

（4）有创造力的人：他们的特点是能够克服各种对创造力的妨碍，特别是自己无意中对自己的束缚，并充分地应用创造能力改造生活和各种层面。

须牢记一条真理：我们每个人都可以应用创造力，同时在应用中增强这种可爱的能力。

也许有人认为，高智商就意味着高超的创造力。但这是一种错觉，至少不完全对。

已故的肖尔米克斯博士是世界经济理论界的泰斗，在他获得经济学界某个最高级别的大奖后，回到故乡，并拜访了当年就读的中学。他自己也很惊讶当时成绩的一般，再看智商时，智商分数不过90，也普通得无奇可言。他愉快地解释："创造了不起的经济理论其实不算奇迹，只有战胜自己的智商才真正了不起。"

这表明智商不等于创造力的道理，并为众多苦于智商不高的人们提高创造力指出了增强信心的依据。

令人惊奇的是，几乎所有时代的心理学家们都发现成人欠缺创造力，这个现象令很多成人担心和焦虑，从而认定创造力可能是某种天赋，并非人普遍具有的本能之一。这一点，从研究资料中显示出来，心理学家们针对45岁的年龄层进行创造力测验，结果只有5%的人被认定为有创造力。接着又对20至45岁之间的成人进行创造力测验，结果竟然也只有5%的人合格。这个结果令心理学家们万分沮丧，几乎要判定创造力是特殊人物才具有的能力。

但是，接下来的测验却令人鼓舞，因为在17岁年龄段的结果达到了10%以上。更惊讶的结果是，5岁儿童中，具有创造力的人竟然高达90%。它表明，人们的创造力是生来就有的。只是随着年岁的增长遭到了抑制而已。有理由认为，就是在抑制状态下，人的创造力并没有彻底丧失，而是处于隐蔽状态，未曾发挥而已。

人的创造力是没有极限的，唯一的限制来自你所接受的知识系统、道德系统和价值系统。这些系统常常妨碍人们的创造力。由于这些系统的纷繁复杂，很多人在其中受到空前束缚，甚至认为自己没有创意。殊不知，任何一种系统都是人创造的，所以，你有权利持怀疑态度。

通常情况下，人的障碍在于，没有真实面对自己的问题，而根据各种系统的成见来判断自己能做或不能做。他们被先入之见害得很苦。其实，有很多你深信不疑的事情，可能是垃圾，它阻挡你的创造力。每当你察觉被某种信念所限制时，不妨删除它，用一个能够保留和有助益的信念来取代。

作为公司老板应善于把有碍于创造力的"绊脚石"克服掉，找到适合于自己的制胜之路。

求新才能够保持不败

一个公司不懂得创新，等于自己把自己推向绝路。道理很简单，你不变，别人变，等于你越来越落后；你落后了，还有出路吗？

公司的生存发展绝不能靠的"一意孤行"、墨守成规、一成不变，公司只有通过公司老板坚持不懈的创新，才能使公司有应力、有市场、有生命力，公司才能获得成功。同时，公司老板自己也能获得应有的回报和创新魅力。

多半的部属，往往会忽略所在单位的工作规则。

因此，公司老板经常质问部属："目前公司有哪些条文规定？请你加以说明。"

公司老板以为：若不这样，部属在精神上根本不会关心到这个问题，更甭提以这些规则为基准，来从事他的工作。若真是这样，那么这种公司老板只是在做表面工作，忽略了工作真正的内涵。

另一个问题则是关于规则本身。规则的制订，目的在使一些暧昧不明的事项，经过明确判断，定出一些共同的标准。因此，它是具有时间性的，同时，也是为适应时代、环境而订出来的，因而绝非是千古不变的定律。当时代递嬗、环境变迁时，必然也会跟着失去合理性或时间性，因此，如何使规定切合实际的需要，这是公司老板工作最重要的一环。

　　这里有一则故事，大意是说："有一个不擅指挥、无能的连长，获得了一项最高荣誉，原因来自一个规定：'凡连队中有任何官兵，在军事演习时，获得最高成绩，则连长可获最高荣誉。'"这项规定在当初制订时，可能基于某种因素，但在今日实施起来，则显然过于迂腐，因此才会产生无能长官接受褒奖的情形。

　　在你的周围，有类似这种滑稽的规则吗？例如：以发生意外事故记录的多寡，来表彰员工。像这种规定，同时运用在危险性少和危险性高又忙碌的工作场所，未免过于笼统。表扬无事故记录的员工，固然很好，但却要仔细考虑各种不同的情况，再拟订其适当规则。

　　假使墨守成规、不加改善，则表面上看起来妥善完备的规定，实行起来往往会引起料想不到的纠纷。规则是人制订的，但往往规则一订，却回过头来把人套住。也就是说，当初制订时，是大家绞尽脑汁想出来的，但经过一段时间后，就与实际需要脱节，而产生种种缺陷。若要加以修正，则须花费相当的时间和精力，因此，人们只好继续墨守成规，成为规则下的牺牲品。

　　总之，一个公司老板必须时时注意自己所订的规则，是否有不合情理或不切实际需要之处。一旦发现有这种情形，就应当拿出魄力，不畏艰难，确实地加以创新，这一点是千万不可忽略的。创新越多，你的公司就越充满活力。

先区分清楚，然后再出击

　　思维决定行动。一个企业的管理者不能盲目地行动，必须分清"市场局况"，区分出包围在自己周围的各种"市场机制"，这样才能做到有的放矢。这就是经营思维的一句行话"先区分清楚，然后再出击"。一般讲，企业管理者应当做到以下两点：

1. 信息市场与产品市场之分

信息革命可望像个 19 世纪工业革命那样改变我们地球的面貌，任何打算从信息革命中得益的企业家都必须知道。在这个技术急剧变化的时代里，产品过时的速度越来越快。创新的冒险比以往任何时候都更加成为取得进步和成功的动力。因此，在这个新时代里，一切都将很快成为过去，只有把握未来才有希望。企业家必须具有良好的素质——时刻站在科技发展的前沿，迎接挑战，获得成功。

从 1847 年到今天，150 多年过去了。在世界经济的大舞台上，有多少企业骤然崛起，又有多少企业悄然隐退，市场无情，优胜劣汰。西门子公司虽几经沉浮，但依靠科技进步，最终在激烈的竞争中脱颖而出，成为世界上著名的巨型企业。

回顾成就固然令人欣慰，然而西门子人更清醒地认识到：高科技不断发展的年代，一切都将很快成为过去，只有把握未来才有希望。关键在于企业要具有良好素质。尽管西门子公司在电气工业领域具有相当实力，但在电子工业这一新技术领域，始终面临着美国、日本公司的严峻挑战。以微电子技术的关键部件——芯片生产为例，目前美日的产量占世界总产量的 90% 左右，包括西门子在内的欧洲各大公司仅占 10% 左右。

为扭转劣势，来自欧洲各国的 60 名微电子专家共同制定了预计耗资 80 亿马克的发展规划，要求 1993 年研制出 16 兆位芯片，它可以在拇指大小的面积上储存 4000 页打字纸的信息。为实现这一计划，每年动用的财力达 2.1 亿元。西门子承担了其中的重要任务，并于 1990 年在实验室中研制出 16 兆位芯片样品，除此之外，西门子还把人工智能、核聚变、空间技术、超高速列车、太阳能利用、光通信技术等课题作为科研攻关重点。力争尽快取得新突破，使公司在新技术产业中牢牢占据主动地位。

2. 全面市场与局部市场之分

1988 年，温州出现了外国高档服装热，一套进口名牌西装卖到几千元，一些时装个体户因此发了大财。但这只是该地区某一时期内的一种特殊需求，在全国其他地区市场并不是如此，如果其他城市也像温州那样搞，结局一定很惨。

所以对于一个企业来说，区分全面市场机会和局部市场机会是非常必要的。全面市场机会是大范围市场，如国际市场、全国市场等出现的未满足的需求；而局部市场机会则是在一个局部的市场，如某省或某个特定地区出现的未满足的需求。这两种机会是相对的，与国际市场机会相比，全国市场机会是局部市场机会，而与某地区市场机会相比，全国市场机会则是全面市场机会。同时，这两种市场机会是紧密关联的。一方面，全面市场机会也是局部市场机会，但不如局部市场机会那样更有利于企业，另一方面，局部市场机会发展好了，必然会影响甚至带动其他局部，从而转变为全面市场机会。

一个企业所处的外部环境，既受着作用于整个市场的一般因素的影响，又受到只作用于该特殊区域的相关因素的影响。因此，这种区分可以使企业少犯盲目行动的错误。

大胆地闯一遭

做生意就是一场冒险游戏。有时要敢大胆闯一遭。

"先探门路再走"。这是赞赏那些做事谨慎的人所说的话。而在公司管理中，公司老板不可常常畏首畏尾，不敢大胆尝试新的方法，这对公司老板魅力会大打折扣的。公司老板应有冒险家的胆识，在冒险中创造成绩，增加自身的魅力，使公司获得更大的效益。

有些人认为，当下定决心做或不做一件事情之前，要先仔细调查。然而，往往愈仔细就愈当心，以致最后结论是——不要冒险。有人以为，像这种事先探路，仔细考虑的态度，会大大地影响决心。如此一来，就永远别想有所成就了。即使是在事前经过详细调查，但仍无法完全做到防范危险的可能，因此，在做一件事情时，倒不如具有向冒险挑战的精神与决心，反而更能克服困难。

的确，"当心"就不足以成事。冒险需要有勇气与资本（这里所谓的资本，即指公司老板的援助，或部属的协助），不能单凭感觉或运气，去克服冒险。但也不能着实的经过计算之后再行事，否则，就不能称之为冒险。若能从不确定的情报中，靠着某一种灵感去冒险，才能有成功的机会，但有时也会招致很大的失败。

身为公司老板眼看着大好机会，因畏惧冒险，白白地给其他公司占了便宜，更是得不偿失。

常言道："多一事不如少一事"，由此可见，多数人都有"不做不错"的观念倾向。因而，如何鼓励他们多做，则与公司老板的性格，有很密切的关系。

当部属发生错误时，多数公司老板就在其考绩上扣分，每错一次即扣一分，而且往往只扣不加，然后再以此错误之多寡，来评定部属之能力。像这种只会扣分的公司老板，很显然，必会阻碍部属向上的欲望，养成不做不错，一味保守防卫等消极态度。

身为一个公司老板，一定要有这种胸襟：当部属偶有小错时，尽管睁一只眼、闭一只眼，而当他完成辉煌的成果时，务必多加赞赏与鼓励。切莫过于苛责部属，将扣分原则改成加分原则吧！

第二部分

谋　事

管理工作中大小事情不断，繁简不一，但是小事中有大事，大事中有小事，因此管理者必须善于谋事，把大小事情作一揽子工程，条分缕析，从不错乱。这种精确化、条理化的谋事手法，可以让管理工作走向合理化、科学化、有效化。有些管理者不善谋事，总是用机械化的方式去做事，应当戒之。

所谓谋事之道在于抓任何事情都不能浮在表面，而应该深入到内部才能见实效，做事情并不简单，它需要周密的策划、精细的谋算，才能增加成功的概率。对各种管理工作而言，在这方面尤为注意。

高人一筹：靠能力做事

学会调整自己的行动

办事是一种灵活的战术。所谓心眼活络，就是能够根据实际情况需要，随时调整自己的思维定式，随时把握住机会。在办事的过程中处于主导地位，才能把事情办好，甚至把一些难办的事情办成。

你不可能是"诸葛亮"，事事都能掐会算。及时地根据此时此地和彼时彼地情况的变化，来审视和调节自己，适时地采取相应的变通措施，才可能避免或减少失败。事变我变，人变我变，不把希望盯在某一点上。成功的可能性变小了，就全力争取，奋勇拼搏。

南怀瑾先生经常说："历史上的伟人，第一等智慧的领导者，晓得下一步是怎么变，便领导大家跟着变，永远站在变的前头；第二等人是应变，你变我也变，跟着变；第三等人是人家变了以后，他还站在原地不动，人家走过去了他在后边骂：'格老子你变得那么快，我还没有准备你就先变了！'三字经六字经都出口啦，像搭公共汽车一样，骂了半天，公共汽车已经开到中途啦，他还在骂。这一类的人到处都是，竞选失败了，做生意失败了，都是这样，一直在骂别人。所以大家都要做第一等人。知道怎么变，等它变到了，你已经在那里等着了。"

人们常说"祝你心想事成，万事如意"等等，当然是一种美好的祝愿。作为当事者本人，一旦行动起来，就不能不从多方面考虑去巧妙变化，使自己处于正常行为和正常竞争的心理状态。这样，你就少了一分失败的危险，而多了一分成功的希望！

人们在办事时，都希望自己所想或所做的事获得成功，但客观现实又往往不遂人愿。有的事成功了，有的事没有成功；有的事一定意义上或部分地成功了，有的事却完全办糟了。事情成功了，固然令人兴奋；事情没有成功或办糟了，自然也叫人懊恼。尤其是求人办事前寄予的成功"期望值"越大，而一旦事情没有成功或办错之后，其失落感就越强，心理上越得不到平衡，由此内心的痛苦越强烈。这种状态，势必影响工作，妨碍身心健康，贻害无穷。因此，在办事之前，要先权衡一下彼此的分量。

古代兵家云：知己知彼，百战不殆。你对自己都没有一个正确的、客观的认识，连自己的肚里有多少水都不清楚，盲目地瞎撞，就不可能获得大的成功。

人上一百，形形色色。我们要想把事情办好，办得顺利，只有学会掌握对方的个性特征，才能调动我们的人生经验，为办好事情提供可靠的后勤保障。

无论是结交他人，还是求人办事，都有成功与不成功两种可能。办事情只想到成功，而不想到失败，似乎是不客观、不现实的态度。我们做任何事之前都要有两手准备，胸有成竹，不因事情顺利而沾沾自喜、忘乎所以；也不因事情受挫而悲观失望、牢骚满腹。

打破死板，学会适应情况

每个人都会身处不同的情况，这种情况对人的制约性很大。善于办事的人，必须打破死板，学会适应情况，以求稳中求胜。

叔孙通最初穿雅洁的儒士服装去见汉王刘邦，没想到汉王十分厌恶他这种打扮。于是叔孙通立即更换了服装，穿着短衣，浑身上下是楚国的打扮。汉王见了大喜。

当时叔孙通教一百多个弟子，他不讲别的，只讲旧时强盗、侠客、壮士怎么升官发财的故事。儒生们都纷纷抱怨。叔孙通听到后说："你们发什么牢骚，你们难道能打仗吗？你们等着看我的吧，不要着急。"

刘邦一伙，过去都是一些县乡小吏或贩夫走卒，刘邦就是一个小亭长，他最得意的三大"人杰"，萧何是一个县吏，韩信是一个游民，只有张良一人是贵族子弟，他手下的那些将军，大多是一些屠夫、吹鼓手之类的市井人物。因此，汉朝初建时，没什么规矩，群臣相聚，饮酒争功，狂呼乱叫，拔剑击柱，混乱不堪。

于是，叔孙通杂采古礼和秦制，制定了以简易为特征的汉代礼仪，并建议刘邦采用。刘邦担心地问道："这容易执行吗？"并要求叔孙通把他的学生们叫来演示了一遍。叔孙通那套礼仪，大体上就是由一个传令官喊一下，再由一个司令官引导一下，排列时分个文武，排个先后。至于穿什么衣，步子怎么走，手怎么放，几跪几叩头之类就没那么复杂了。刘邦一看，十分满意。后来文武百官上朝，就照此行礼，虽然简单，但也搞得一个个诚惶诚恐，让刘邦饱尝做皇帝的味道。

叔孙通是儒生，而儒家在礼仪方面的讲究是非常之多的，有所谓"礼仪三千，威仪八百"之说，要学会这些东西，没有几年，十几年工夫，根本就不可能。叔孙通根据形势的变化，改变自己的行为，改革教学内容，并制定新的礼仪，可以称得上是一个聪明人。

类似的事例说明，依据客观条件变化，利用思维的灵活性，可以适应各种不同的情况，反之，也就成了人们常说的"腐儒"了。

循规蹈矩行不通

凡循规矩者，办事皆不成。为什么呢？因为这种人脑子缺乏变通的意识。

有这样一个历史故事：战国时代，有施氏与孟氏两家邻居。施氏家有两个儿子，一个儿子学文，一个儿子学武。学文的儿子去游说鲁国的国君，阐明了以仁道治国的道理，鲁国国君重用了他。那个学武的儿子去了楚国，那时楚国正与外邦作战，见他武艺高强，有勇有谋，就提升他为军官。施氏也因两个儿子显贵，满门荣耀。

施氏的邻居孟氏也有两个儿子长大成人了。这两个儿子也是一个学文，一个学武。孟氏看见施氏的两个儿子都成才，就向施氏讨教。施氏向他说明了两个儿子的经历。

孟氏回家以后，也向两个儿子传授机宜。于是，他那个学文的儿子就去了秦国，秦王当时正准备吞并各诸侯，对文道一点也听不进去，反而认为这是阻碍他的大业，就将这儿子砍掉了一只脚，逐出秦国。他学武的儿子到了赵国，赵国因为连年征战，民匮国乏，已经厌烦了战争，这个儿子的尚武精神引起了赵君的厌烦，砍掉了他的一只胳膊，也逐出了赵国。

孟氏见邻居的两个儿子与自己的儿子一样，却形成两种结果，就去问施氏。

施氏说："大凡能把握时机的就能昌盛，而断送时机的就会灭亡。你的儿子们跟我的儿子们学问一样，但建立的功业却大不相同。原因是他们错过了时机，而非他们在方法上有什么错误。况且天下的道理并非永远是对的，天下的事情也非永远是错的。以前所用，今天或许就会被抛弃；今天被抛弃的，也许以后还会派上用场。这种用与不用，并无绝对的客观标准。一个人必须能够见机行事，懂得权衡变化，因为处世并无固定法则，这些都取决于智慧。假如智慧不足，即使拥有孔丘那么渊博的学问，拥有姜尚那么精湛的战术，也难保不遭遇挫败的。"

孟家父子听完这番道理，顿时怒气全消，并说道："我们懂这个道理了，请不必再说！"

现实生活中，也有这样因时过境迁，重走老路，而导致自己生活不幸的情况发生。

曾经有这么一位妇女，50年代在大学读书时和一位男同学热恋了，但是后来这位男同学被划为右派，遣送到边疆劳动改造，他们的恋爱关系不得不中断了。20多年后他们又见面了，这位妇女早已有了丈夫和孩子，家庭生活是愉快而和睦的。但是当她看到这位昔日恋人至今还是孑然一身时，她被同情、追悔的心情支配着，和丈夫离了婚，和这位已经平反改正了的昔日恋人结了婚。但是，这种结合并没有给她带来什么幸福，她反而更加痛苦了，一方面，她背上了对不起原来的丈夫和孩子的"十字架"，这个"十字架"比她过去对昔日恋人的思念和负疚之情还要重许多倍；另一方面，她在重新结婚以后，发现这位昔日恋人的性格、气质等许多方面和青年时代相比，已经有了很大变化，他们已经合不来了，但是这时，她已经是进退两难了。

这种情况，反映了梦想和现实的矛盾。对逝去的爱情多少有点眷恋之情固然无可厚非，但是不珍惜现在的夫妻之爱、家庭之情就太不应该了。况且，对于"第三者"来说，如果是真正爱自己过去的恋人，也要珍视对方现在的家庭、长远的幸福，绝不能在旧情难忘的驱使下不顾一切地旧欢重拾。《傅雷家书》中说过："过去的罗曼史，让他成为我们一个美好的回忆，作为一个终身怀念的梦，我认为是最明智的办法。"过去的毕竟过去了，失去的毕竟失去了，"往者不可谏，来者犹可追。"这才是现实的态度，正确的态度。

办任何事都是这样，都要从变化的角度来考虑，如果依然按照过去的眼光、想法、办法来处理，必然要四面楚歌。所以，最好的出发点就是一切面对现实。

擅于利用别人的同情心

怎样利用别人的同情心，也是办事的一门学问。按照成功学的原理，叫"利用同情术"。

有人说女人告状比男人强，因为女人说着说着眼圈儿就红了，眼泪就不由自主地淌了下来，听者就是铁石心肠，也免不了会动心的。

这话颇有一定道理。可是，事实上，大多数告状者都是心里有气，积郁已久，一旦有了诉说机会，总是难抑内心激动，往往情绪愤懑，言辞激烈，给人的感觉倒不像是一个受害的弱者，而是一个咄咄逼人的强者了。

一位遭人欺凌的受害者在向某领导告状时十分冲动，口出狂言、污语，使得这位领导很是反感，因而，问题迟迟不予解决。后来，此人绝望了，痛苦不堪，几欲轻生，反倒引起了这位领导的同情与重视。

当然，这并不是说，凡告状者都要摆出一副可怜兮兮的样子，流下几滴眼泪。而是说，告状者在请求解决问题时，应该调动听者的同情心，使听者首先从感情上与你靠近，产生共鸣。这就为问题的解决打下了基础，人心都是肉长的，只要你将受害的情况和你内心的痛苦如实地说出来，处理者是会动心的。

同情心可以促进当权者对受害人的理解，但这并不等于说马上就会下定处理的决心。因为当权者要考虑多方面的情况，有时会处于犹豫之中，甚至会抱着多一事不如少一事的态度，不想过问。这时候，告状者就得努力激发当权者的责任感，要使当权者知道，这是在他职责范围以内的事，他有责任处理此事，而且能够处理好此事。

一天，一位老妇人向正在律师事务所办公的林肯律师哭诉她的不幸遭遇。原来，她是位孤寡老人，丈夫在独立战争中为国捐躯，她靠抚恤金维持生活。前不久，抚恤金出纳员勒索她，要她交一笔手续费才可领取抚恤金，而这笔手续费是抚恤金的一半。林肯听后十分气愤，决定免费为老妇人打官司。

法庭开庭。由于出纳员原来是口头勒索的，没有留下任何凭据，因而指责原告无中生有，形势对林肯极为不利。但他十分沉着、坚定，他眼含着泪花，觉悟地回顾了英帝国主义对殖民地人民的压迫，爱国志士如何奋起反抗，如何忍饥挨饿地在冰雪中战斗，为了美国的独立而抛头颅、洒热血的历史。最后，他说：

"现在，一切都成为过去。1776 年的英雄，早已长眠地下，可是他们那衰老而又可怜的夫人，就在我们面前，要求申诉。这位老妇人从前也是位美丽的少女，曾与丈夫有过幸福的生活。不过，现在她已失去了一切，变得贫困无靠。然而，享受着烈士们争取来自由幸福的某些人，还要勒索她那一点微不足道的抚恤金，有良心吗？她无依无靠，不得不向我们请求保护时，试问，我们能熟视无睹吗？"

法庭里充满哭泣声，法官的眼圈也发红了，被告的良心也被唤醒，再也不矢口否认了。法庭最后通过了保护烈士遗孀不受勒索的判决。

没有证据的官司很难打赢，然而林肯成功了。这应归功于他的情绪感染，驾驭了听众及被告的心理，达到了理智与情绪的有机统一，收到征服人心的效果。

在共同点上下功夫

如何才能赢得对方的心，其要诀是在双方的共同点上下功夫。有一句话说，"世上没有两片相同的树叶"。同样，世上也没有两个完全相同的人。正因为如此，人们对于与自己抱有同样看法和思想的人总是自然产生好感，而这正是创造友谊的基础。对于那些办事人员来说，如果要获得他人的好感，就要在志趣、追求、爱好等等方面寻找共同点，诱发共同语言，为交际创造一个良好的氛围，进而赢得对方的支持与合作。

外交史上有一则轶事：一位某国议员去见埃及总统纳赛尔，由于两人的性格、经历、生活情趣、政治抱负相距甚远，总统对这位议员不大感兴趣。议员为了不辱使命，搞好与埃及当局的关系，会见前进行了多方面的分析，最后决定以套近乎的方式打动纳赛尔，达到会谈的目的。下面是双方的谈话：

议员：阁下，尼罗河与纳赛尔，在我们国家是妇孺皆知的，我与其称阁下为总统，不如称您为上校吧，因为我也曾是军人，也和您一样，跟英国人打过仗。

纳赛尔：唔……

议员：英国人骂您是"尼罗河的希特勒"，他们也骂我是"马来西亚之虎"，我读过阁下的《革命哲学》，曾把它同其他人作比较，发现阁下充满幽默感。

纳赛尔：（十分兴奋）呵，我所写的那本书，是革命之后，三个月匆匆写成的。你说得对，我除了实力之外，还注重人情味。

议员：对呀！我们军人也需要人情。我在马来西亚作战时，一把短刀从不离身，目的不在杀人，而是保卫自己。阿拉伯人现在为独立而战，也正是为了防卫，如同我那时的短刀一样。

纳赛尔：（大喜）阁下说得真好，以后欢迎你每年来一次。

此时，这位议员顺势转入正题，开始谈两国的关系与贸易，并愉快地合影留念。议员的套近乎策略产生了奇效。

在这段会谈的一开始，议员就把总统称作上校，降了对方不少级别；挨过英国人的骂，按说也不是什么光彩的事，但对于军人出身，崇尚武力，并获得自由独立战争胜利的纳赛尔听来，却颇有荣耀感；没有实力与手腕，没有幽默感与人情味，自己又何以能从上校到总统呢？接下来，议员又以读过他的《革命哲学》，称赞他的实力与人情味，并进一步称赞了阿拉伯战争的正义性。这不但准确地刺激了纳赛尔的"兴奋点"，而且百分之百地迎合了他的口味，使议员的话收到了预想的奇效。

不要乱用交情

交情有利和不利两面，关键要看你怎么对待。如果在利益面前友情还能存在，大概只有古时的管仲和鲍叔牙真正地做到了。但请记住：千万不能乱用交情！

生意场中，朋友借钱是很难应对的。应对不好就滥用了友情，把友情渗透进了经济交往中，即把友情抵押给了金钱，最后金钱吞噬了友情。因为友情不能抵押，抵押过的友情如同修补过的脸盆，无论你怎么视而不见，它都让你忘不掉。

所以，友情很伟大，友情又很脆弱，在经济生活中我们绝对不能滥用友情。正因如此，许多成功的商人都抱定了一条宗旨，不和朋友做生意，因为友情不容投资，和陌生人做生意能交上朋友，和朋友做生意会失去友情。

可是，事实上，我们都生活在发达的商品经济社会里，任何类型的社会关系都不能脱离商品经济关系而存在，友情自然也不例外，它正受着现代经济关系的挑战。

我们如何应对这种挑战呢？也就是说，在日益复杂的经济交往和人际关系中，如何捍卫我们的友情呢？

1. 不要为友情而抵押面子

朋友之间开口借钱是最平常的事，因为是朋友，谁都有向朋友开口的事，朋友就是要相互帮助。当然，许多人都能做到好借好还，但也有各种原因，总有人不按时归还，或根本就不能归还。有的人甚至在借出之前就知道，这钱已丢在水里了。但不借吧，又碍于情面和友情，觉得对不住朋友，真是左右为难。

这个时候得问清楚，朋友用钱做什么，如果是生活所必需，用于衣食住行，那义不容辞，当然借，没偿还能力也必须借。反之则不然，因为他已经失去了最起码的信用，如果再去冒险做生意之类的事情，就必须拒绝。

再就是你可以给予一定数额的馈赠。如有人向你借5000元钱时，而他没有偿还能力或信誉不佳时，你可以主动资助他300元或500元，并言明，他可以不用还了。这样看来你吃亏了，但实际上你失去的并不多。

首先，由于你的无偿资助保护了你的友情，可能还加深了这种友情。其次，你也能避免更大的损失。因为有些借款是要冒大风险的。有一个人当朋友介绍他结交另一个朋友，他主动打电话交谈，这自然加深了友情。一天，他突然找到新结交的朋友，很随意地提出借钱，朋友也很自然地答应借了他1000元。他说一周后一定还，果然如期偿还，他的信誉就得到了保证。过了没有多久，他突然找到那位新朋友，一副十万火急的样子，开口就要借5000元，并说一周准还，有他前一次的信用在先，朋友当然帮忙，其结果，人去钱空。这便是一种诈骗了，利用友情的诈骗。

有位台湾作家说过，借钱给你的朋友，就意味着可能失去一个朋友。据说钱钟书先生就用这个办法对待朋友借钱的，如果你向他借500元，他会说，我给你200元，你不要还了。

2. 立契约

大众传统的友情观是，你的就是我的，我的就是你的，或都是朋友，好说。说得潇洒听得欢快，但其实不然，得重视"立字为据"，来个先小人后君子，否则往往为友情埋下了"翻脸"的导火线。

做生意的朋友都有过同朋友合伙的体验，生意好做，伙计难处，民间早已有了定论。一般人都有这样的经历，在经济交往中，如果与一般的人有什么金钱交往，往往都会想到立个字据，而朋友间的交往，谁也不愿提及或根本就想不到字据这个说法，事实上都是这个心态的反应。

现代社会是个法治社会，朋友间的任何交往也要受到法律的制约，我们的友情也要适应这个法制的社会。作为朋友，作为友情的载体，我们必须转换心态，不要让友情为我们承担太多的负担。

学会运用合法的手段维护友情，这是现代应酬成功的契机之一。

3. 为友情找个支点

友情是什么？友情就是友情，它不是抽象的货币，也不是无形的投资，我们要在日常应酬中为友情找个支点，这样对你与朋友双方都方便。用善意的应酬技巧给友情定位，重新认识友情，这是珍重友情，更是善待友情。

利用杠杆原理

什么是办事的"杠杆原理"？请先看一个例子：

丑陋的放高利贷者和商人女儿的故事，便是运用杠杆作用交涉制胜的例子。

　　一位英国商人欠了一位放高利贷者一大笔钱且因此生意萧条，这位可怜人发现自己无法还清他的借贷。这意味着他将破产，而且他必须长期孤独地被关在地方债务人监狱。然而，高利贷者提供了另一解决方法。他建议，如果这个商人愿意把他漂亮的年轻女儿嫁给他，他就一笔勾销债务，以作回报。

　　这个放高利贷者既老又丑，而且声名狼藉。商人以及女儿对这建议都很吃惊。不过放高利贷者十分狡猾，他建议唯一公平解决途径是让命运做决定。他提出了以下的建议。在一个空袋子里放入两颗鹅卵石，一颗是白的，一颗是黑的。商人的女儿必须伸手入袋取一颗鹅卵石。如果她选中黑鹅卵石的话，就必须嫁给他，而债就算还清了；如果她选中白鹅卵石，她可以和父亲在一起，不需嫁给他而且债务也算还清了。但是，假如她不愿意选一颗鹅卵石的话，那么就没什么可谈的了，她的父亲必须关进债务人监狱。

　　商人和他的女儿，不得已只好同意。放高利贷者弯下身拾取两颗鹅卵石，放入空袋。商人的女儿用眼角斜视到这个狡猾的老头选了两颗黑鹅卵石，她明白自己的命运已经判定了。

　　你不得不同意，她似乎没有条件可言。的确，放高利贷者的行为极不道德，但是假如她拆穿他的伎俩，采取强硬立场，那么他的父亲必进监牢。如果她不揭穿他而选了一颗鹅卵石的话，她必须嫁给这位丑陋的放高利贷者。

　　然而，这正是运用杠杆作用的时机。

　　故事中的女孩子不但人美，也很聪明，她了解自己，也了解她的对手。她知道她的对手是一位不择手段的奸诈之徒，她也知道根本不可能与他面对面地斗智。最终解决之道必须让自己扮演甜美可爱、天真浪漫的少女角色来迷惑对方。

制定对策之后，她把手伸入袋子，取了一颗鹅卵石，不过在将要判定颜色之前，她假装笨拙地取出石头，然后失手将鹅卵石掉到了路上，与路上其他的鹅卵石混在一起而无法辨别。"哦！糟糕，"女孩惊呼，继而说道："我怎么这么不小心。不过没有关系，先生，我们只要看看在你袋子里所留下的鹅卵石是什么颜色，便可知道我刚才所选的鹅卵石颜色了。"

最后，故事中的女孩成功了，因为她在知道比赛规则对她不利之后，能毫不畏惧地改变游戏规则，把劣势变为优势。

要成为成功交涉者的唯一途径，是运用自己的个性和自我的长处，避开自己的弱点。忠实的自我评估是成功运用杠杆作用的关键。而忠实的自我评估的关键是首先流行于中世纪哲学家的一句警语："拥有好的人生。如何在不利、无奈的情况下求得好结果，好好地去做非做不可的事是件值得嘉许的好事。"

几年以前，美国一位名叫葛林·特纳创立的推销术震惊了整个商业界。此后光芒四射的特纳很快地便建立了自己的大事业——他命名为"敢于成为大人物"的组织。在组织内，他运用他所发展的销售技巧教导其他的人相信自我，激发他们赚大钱的抱负。

特纳先生刚开始是一位挨户推销缝纫机的销售员。刚开始时他有一项严重的障碍——他有很明显的兔唇。很快他便利用这个障碍，使其成为他的销售噱头的一部分。他对他的顾客说道："我注意到你在看我的兔唇，女士。哈！这只是我今早特别装上的东西，目的是让你这样漂亮的女士会注意到我。"特纳先生是位很成功的推销员。虽然他的货品不断改变，可是他的推销方法不变。他同时推销、贩卖自己和各种货品——兔唇和任何产品。

杠杆作用运用另一部分是使你的努力达到极点，不要把努力浪费在无效的开始行动上。在交涉时不要害怕成为你自己资料的主编者，精确选择有用资料，去除无用资料。交涉过程就是沟通过程，堆积不相干、误导的因素，只会混淆主要问题，毫无益处。

东方不亮西方亮

所谓"东方不亮西方亮"，是指办事要善于曲径通幽，不可在一处死挖井水。

美国波音公司的创始人叫威廉·波音。波音公司建立于 20 世纪初，以制造金属家具发展起来的，以后转向专门生产军用品。

一战期间，波音公司生产的 C 型水上飞机颇得美国海军青睐，波音也因此在美国飞机制造业中担当起一个重要角色。

然而，好景不长，战争结束后，美国海军取消了尚未交货的全部订单，整个美国飞机制造业陷入瘫痪状态。波音也不例外，困入了"死亡飞行"之中。

威廉·波音并没有因此垂头丧气，而是进行了深刻的反思。

造成"死亡飞行"的原因虽然有形势大变的因素，但也是由于自己过分依赖军方的结果。

亡羊补牢，为时不晚，他果断地调整经营方向，并采取了相应的措施。

一方面，他继续保持与军方的联系，随时了解军用飞机发展的趋势和军方的要求，以便加以满足，这样军方不会介意。一方面调查、分析市场，发觉军用飞机已不行销，但民用飞机却是一个潜在的大市场。

随着现代化进程的加快，人们的生活节奏日益加快，而在运输业之中，飞机是最适应这种快节奏时代需要的，它的速度胜过其他任何实用的运输工具。

波音公司于是改弦易辙，把原来的军用飞机全部改作民用飞机推向市场，反响很好，订单日益增多。

波音公司终于从过去只生产军用飞机的旧壳里脱颖而出。

战后经济的复苏刺激了对民用飞机的需要，波音公司推出的 40 型商用运输机以及波音 707、727 客机正好满足了市场的需要，从而冲出了"死亡飞行"。

这以后，波音公司又陆续推出波音 737、747、757、767，同时替陆军、海军、海军陆战队设计制造了各式教练机、歼击机、侦察机、鱼雷机、巡逻机和远程重型轰炸机等，波音公司日益发展壮大起来。

波音公司如果不"改弦易辙"、摆脱单一的军用飞机的经营，就无法冲出"死亡飞行"。

改弦易辙是应变的有效策略，有一位 B 小姐最初是调味品推销员，然而 B 小姐太年轻，当时又未婚，顾客认为她缺乏烹饪经验而不相信她的推销宣传，从而拒绝她的产品，她的业绩显然比中年女推销员差（因为顾客相信这些家庭主妇模样的推销员富有烹饪经验，从而相信她们推荐的调味品）。后来 B 小姐改换门庭，做化学品推销员。年轻秀丽的她，在新的人际关系网中如鱼得水，很快在众推销员中脱颖而出，业绩非凡。

朋友，如果你在某地某部门人际关系紧张，不妨换一个环境。

快速本领：扑向最丰富的信息

参与竞争，以信息为本

企业如何竞争？如何在市场竞争中保持不败？这是个大问题。我们的观点是：要想不败，必须摸清时势，即市场行情，以此找到竞争的突破口；否则任何方式的竞争都是盲目的。

1. 参与老市场的竞争

怎样在老市场中打开一条新的缺口呢？即如何脱胎换新呢？这是企业领导考虑的第一个问题。一般讲，一个企业发展到一定程度，就会有一定的市场份额。自然就存在进一步扩大自己竞争实力的问题。只有解决好老市场，才能开拓好新市场，否则许多问题就会理不顺。

瑞典有家号称"填空档"的公司，其经营方针就是所谓的"在老市场中挖金子"。该公司专门经营市场上的空档商品，只做独家生意。例如，1984 年，瑞典的童帽市场上，硬帽多，软帽少，这年气候又偏冷，可保护耳朵的软帽一时告紧，而这家公司奇迹般地将近 50 万顶软帽投放市场，结果一抢而空，公司大赚了一笔。公司的市场行情情报十分准确，市场预测很少失误，一旦发现空档，立即组织货源，及时介入，而等到其他投资者也纷至沓来时，该公司又转向其他空档了。所以，它从来没有与其他公司正面交锋过。

瑞典的这家公司当然是一个打游击、填空档的特殊例子，但它的经营方针却能说明一个有普遍意义的道理，即花无百日红，任何市场都不可能长盛不衰，一个成功的领导，应当随时准备转向。当然，本来是一个驾轻就熟的市场，网点热，客户多，什么都顺当得很，突然要转向，也是说起来容易，做起来难，人们多多少少会有恋战的心理。很多商家吃亏就吃在这一点。借着势顺，大量投入，大批进货，不思进退，一旦市场崩溃，库存堆积如山，原想趁势多赚一点，到头来，还得把过去赚的利润搭进去。可见，生意能做十分，做七八分即可，且不可做满。

什么时候考虑转向，应当从市场的症状来决定。一般的，如果价格竞争十分激烈，平均利润明显下降，市场需求明显衰退，大家都感到，生意一年比一年难做，就意味着市场已经饱和，应当考虑转向了。如果此时又出现了新的更好的替代产品，那么，转向问题就迫在眉睫了。

是否转向，什么时候转向，对不同实力的商家，情况是很不一样的。如果经营实力和竞争实力十分雄厚，在市场上本来就能左右局势。那么，比较正确的策略是，乘竞争对手徘徊犹豫之际，展开强有力的竞争攻势，促使竞争对手痛下转向的决心，迫其离开市场，乘机夺取他们原来的客户。这样，尚可在原来的市场上支持一段时间，以收取剩余"果实"。情况较好时，竞争对手离开后的市场，还会出现较大的反弹，以回报坚守"阵地"的商家。但既然市场衰败已成定局，那么，你仍然得考虑适时地撤退。

如果商家的经营实力和竞争实力都是中等水平，从来也没有做过市场领导，但凭实力又不致被首先挤走，则可运用这样的策略：放弃已经明显萎缩了的品种，保持尚有一定市场的品种，缩短战线，集中精力经营少数几个品种，以形成拳头。这样，还可维持一段时间，同时，将部分资金转向新的市场，以形成过渡态势。如果市场继续恶化，则迅速撤出全部经营资源，完全离开老市场，进入新市场。

如果经营实力和竞争实力较弱，在市场上本来就没有多大份额，也没有独特的优势，那么，此时应毫不犹豫地放弃老市场，而且是越快越好。尽早退去，尚可顺利地收回投资，将库存变成现金。稍有犹豫，就极有可能成为市场衰退的牺牲品。

在一个衰退的市场上，无论实力如何，都应当将回收资金当做头等重要的大事。在市场全盛时期，扩大投资和进货，是市场扩张和增加利润的有力手段，而在市场衰退时，如何紧缩进货，回收投资，则是从容退出的有力手段。任何一个市场在生命的末期，必定会留下一大堆积压货物，不是张三积压，就是李四积压。要减轻最终的积压，就应当通过削价清仓等特殊手段，通过一次次地规模逐步减小的资金循环，而使资金逐步增加，存货逐步减少。

2. 参与新市场的竞争

新市场就是指一个相对冷门的行业。很多商家在老市场中竞争烦了，就想另谋新路，寻找冷门行当。一则可以得到新的市场机会，二是可以避开日趋激烈的行业竞争。要找一个既是冷门，又有远大前景的市场，并非易事。即使进入了某种新兴市场，也有新的问题。像今天的新兴技术产品市场，虽然比较容易出高档，市场竞争开始也不那么激烈，但经营风险大，投资大，营销经验不足等问题，也常常制约着商家。可见，世上事是很难两全的。不过，既然我们打算进入一个陌生的市场，就应当适应新的市场特点，实施新的营销和竞争策略。

首要的问题，是正确评价新市场的前景和特点。很多市场之所以有空档、有空缺、有机会，并非人们忽略了，不加注意和关注，而是因为这其中的风险太大了，或者前景难以预料，或者前期的初始投资实在太多了，难以一下到位等等，诸如此类。所以，最要紧的是不要看见"冷门"或机会就自作聪明，只看见了潜力和未来的收益，而没有看见其中的风险和"圈套"。绝不要冒冒失失地切入。

其次，就是正确理性地审视自己，正确估量自己的竞争和经营实效，看你能否有能力高人一等，把握住机遇和市场，站稳脚跟。例如，现在的确涌现出许多新市场、新科技、新机遇。但这种新市场需要较多的初始资金，或是很高的技术含量。

此外，即使百业俱兴，一切就绪，还要等待"东风"——恰当的时机来进入市场。太早了，新产品被视为异类，成为少数高档奢侈"消费品"，被广大民众拒之门外就不好了，还提供给对手经验和技术学习机会。过迟，你又不占优势了。"物以稀为贵"可是市场准则。

切入新市场后，如何使新产品为市场所接受，就成为头等大事。商家必须配合厂家，花费大量时间和金钱来宣传新产品，这时的广告费用是惊人的。西方很多大公司在切入新市场时，总会用相当大的投入来完成所谓"教育消费者"的环节。因为，消费者对新产品并不了解，需要较长时间和大量消息灌输，才能普遍认识它的价值而最终接受。商家对宣传新产品的投入，或许远没有厂家那么多，但无论如何也会超过在一个传统市场上的投入。

在新的市场上，销售渠道和网点开始也是一个空白。如果你纯粹是一个经商新手，必须从零开始。如果你是从某一个行当转过来的，虽然原来也有自己的销售渠道和客户，但老客户能否接受新产品，也还是一个疑问。也就是说，不论你是经商新手，还是沙场老将，都必须花力气开拓新的销售渠道和客户。

新市场不仅产品是新的，客户是新的，市场环境是新的，营销思路和技巧也很可能是全新的。如何在新市场上推销新产品，大家都没有现成的经验。必须打破过去的老框框，而用新思想和新观念，来策划新产品的营销。在这里，创造性是打开成功之门的钥匙。好在新的市场上，同行很少，竞争开始并不激烈，大家都是新手，都需要探索和研究。这使得我们有可能从容不迫地探寻新的营销路子。

新市场的同行关系，开始时应当是合作优先于竞争。因为市场根本没有开发出来，不存在市场份额不足的问题，没有必要开展无意义的竞争，更没有必要弄得两败俱伤。有头脑的商家应该能认识到这一点，并达成共识与默契。但是，这种平静的局面，不可能永远地持续下去，一旦新市场初具规模，其他商家也逐步卷入时，市场竞争还是不可避免的，而且会逐渐加剧。因此，一个老练的商家，必然会做好迎接新的竞争的心理、物质准备。

尽管切入新市场的商家会有充分的资金准备，但实际的成本开支往往会超过预算。因为，很多商家在做预算时，依据的是以往的经验，而在新市场上，经常会出现一些意料不到的开支。这要求我们一方面尽可能为预算留有充分的余地，另一方面尽量节约开支，特别是那些不很急的开支项目，可以往后推一推。严格的计划开支和成本核算，将是解决初始经营成本过大问题的有效措施。

3. 参与成熟市场的竞争

市场竞争有一个过程，刚开始无序、混乱，逐渐有条有理，进入规范化阶段。这样市场也就成熟了。在一个成熟的市场上，竞争常常十分激烈，几乎所有的竞争手段都会用上。这是因为，在成熟的市场上，早期开拓市场的风险已经过去，利润稳定可靠，市场容易被充分开发出来，市场前景十分明朗，大批竞争对手势必要在这时进入市场。这自然会增加竞争的激烈程度。风平浪静已经过去，真正的竞争才刚刚开始。一个厂家能否站稳脚跟，并不在于早期的开发，而在于这时的竞争实力和策略。

价格竞争是成熟市场上常见的手法。厂商生产成本和经销商营销成本的平均水平，比市场开发初期明显下降了，这使得同行之间有可能通过降低销售价格，来争取顾客。营销成本居高不下的商家，在这样的竞争中，显然是十分不利的。因此，要赢得竞争，必须降低成本至平均水平乃至平均水平以下。但是，我们仍然应当避免在价格竞争中无限制卷入。因为，我们还有其他竞争手段可用，为什么只盯着对商家利益损害极大的价格竞争呢？

其实，最终能否在成熟市场上取胜的手段，并非价格手段，而是商品的质量和店铺所能提供的服务。在市场的成熟期，消费者对新产品的新鲜感消失了，对新产品的不成熟和种种缺陷已不能容忍，取而代之的，是对商品的质量和服务的追求，而厂家的生产技术也日益成熟，并从消费者使用后的反馈中，以及厂商之间的竞争中，积累了大量技术上的经验和教训，可以生产出质量过硬的成熟产品。此时的商家，最要紧的是引入品质优秀的商品，并与厂商一起，建立起稳妥可靠的售前、售中、售后服务体系。这样，才能稳定销售网点，争取更多的老顾客，方可在竞争中稳如磐石。

在商品质量日趋成熟的同时，商品的规格、品种也越来越多样化和系列化，能够满足各种顾客的需要。如果我们引入的品种单调，自己有的品种，对手也有，对手有的品种，而自己却没有，竞争实力就会明显削弱。因此，商家此时应该很好地调整商品的组合，尽可能使品种、规格完善起来。当然，由于资金等因素的限制，我们不太可能将一种商品的所有规格和品种全部引入。比较聪明的做法有二：一是尽可能完善品种、规格，二是尽可能与对手形成互补格局。即对手有的品种，自己不进货，自己引入的品种，对手则没有，在商业街或购物中心的范围，形成齐全的品种和规格。

与市场的开发期相比，成熟市场的广告费用可能要少一些，但广告的水准和形式却要求更高。开发期侧重于介绍新产品的特性和功能，此时，则要结合产品在消费者手中的使用体验，侧重于宣传产品某些活生生的好处，宣传某种品种独到的优点。广告必须持续进行下去，形式也要不断翻新。

由于厂商和经销商的普遍介入，市场会越来越拥挤，市场竞争会越来越激烈。稍不注意，几家大公司就可能陷入不能自拔的恶性竞争中。

另一方面，由于大家都面临恶性竞争的威胁，互相之间通过谈判和协商达成某种默契的可能性又更大了。对这种微妙的姿态，大家应该头脑冷静，竞争应当适度，绝不意气用事，如果有"和谈"的机会，则不应放过。一个成熟的商家，总是有柔有刚的。

上面谈到的市场竞争的三种类型，是非常重要的。希望管理者能自己从中琢磨出一点道道来，打好每一次市场战役！

时刻都要遵循情报处理法则

商业成功人士指出，准确及时和有用是经商情报的衡量标准，它要求人们对商业情况做出及时和准确的判断，并由此形成一套科学化的情报处理法则，它包括如下几个方面：

1. 戒误贵准

唯有准确、可靠的信息，才有使用价值，可供决策作依据；不准确的信息有害无益，差之毫厘的信息，会造成失之千里的错误决策。这是信息工作最根本的要求。

2. 戒陈贵新

过时的信息，市场形势已起变化，等于是不准确的信息。只有新的才有指导意义。决策拍板，力求依据最新信息，内容观点要新，但也应忌"奇"，搞工业生产需要现实，不是理论假设。

3. 戒慢贵速

时间就是金钱，竞争激烈的市场，瞬息万变，抢先一步就能制胜，落后一刻则机遇全失。传递和选用信息必须迅速、及时、细致。

4. 戒狭贵广

信息量要大，内容丰富，涉及信息目标的有关方面要全。但广而不滥、丰而不冗，而且有重点。

5. 戒空贵用

信息是宝，贵在应用。一条信息，救活一个企业，贵在运用信息，决定抢救实践步骤以后，才能奏效。空喊信息重要，却把它束之高阁，不重视应用，则等于零。对信息，企业家不能犯叶公好龙的毛病。

时刻都要对情报保密

世界上，有一种人专门搜集别国的资料，叫做间谍。社会上，有一种人专门为警方提供有关犯罪的情况，叫做线人。在商场上，同样充斥着这两种人。

当两家公司为一项交易进行谈判时，双方均掌握了不少有关对方的资料，而资料的来源可能是对方的员工所提供、透露的。无论在任何情况下，切不可轻率地泄露谁是提供资料的人。

爱逞威风而经验不足的年轻商家，就最易犯此大忌。

谈判时，双方往往会把己方的真实情况有所保留，而把实际情况向有利于己的方向夸大。你为了澄清问题，往往会把手头的资料抛出，以纠正对方的夸大。对手如果老谋深算，即使尴尬、震惊也会不动声色，他会试探你、刺激你、极力贬低你资料的真实性。这时你如果年少气盛，为了证实自己资料的真实性而反驳对方，一时冲动，把资料来源告诉对方："这是吴小姐说的，她的话还有假吗？"这就坏了。

对方必定勃然大怒。提供资料的人，如果是对方企业的员工，必定被"炒"，如果是其他人，也难以做人，因为脸面极不光彩；而你自己呢，将永远失去这笔交易。

把信息变钞票

"不把信息变成钞票，等于浪费信息！"这是美国著名企业家卡耐尔的一句名言，意思是要办好企业，必须把信息变成自己手中有用的工具。这就需要信息的分析。

信息的分析也可以说是对信息的加工整理，只有经过加工整理的信息，才能形成质量更高的信息，进行贮存和使用。所以，市场信息的加工整理是信息工作的重要任务，而信息的利用则是信息的最终目的。掌握及时的、灵通的市场信息，为经营者的决策提供决策的方向、目标和依据，从而对判定科学的决策起着决定作用。

对信息的分析与利用，我们不妨从生产领域和营销领域两个方面来论述。

1. 生产领域

生产领域应用市场信息，是用它来指导生产方向、生产目标，以及生产领域的经营管理。例如，某生产者在一定时期里，生产什么产品，开发什么新产品，淘汰什么产品，在一定时期里，产品的质量、品种等所要达到的目标，生产经营管理中，一些具体问题的解决，这些都需要应用市场信息，而且信息内容包括很多。包括产品的生产能力，现在已达到的生产量，产品在市场上的销售能力，产品在市场上的竞争能力等。因此市场信息的分析与利用对生产领域来说，是关系到生产者生死存亡的关键环节。

色拉调料是国外许多家庭必备调料，有一家国内企业大胆开发国外市场。首先，该企业十分注意信息的收集、存储和分析利用，以此为依据，不断改进色拉调料的配料、色调和经营决策，从而使这个企业生产的色拉调料深受妇女们的欢迎，获得了较好的经济效益。这个企业每隔两年就要进行一次家庭妇女的爱好与习惯调查，广泛征求意见。1976年8月的一次调查中，企业询问家庭主妇如何调配莴苣菜，都放什么佐料。调查结果表明：大多数家庭主妇在拌莴苣时，不仅放色拉调料，还要加盐、胡椒、鸡蛋、洋葱、小黄瓜等调味品。由此，企业员工们想到如果把这些调味品都放进色拉调料中，将会给家庭主妇们带来很大的方便，而企业也将推出自己的重要产品。于是，企业便组织人员试制并获得成功，又一种畅销新产品问世了。

一条信息，往往本身对自己企业并没有多大应用价值，但经过联想分析，便可从中发现可以为我所用之处。

广西的某竹器厂，在原材料涨价、竹制品滞销、企业陷入困境的情况下，收集到高级沙发、洗衣机、落地扇的市场需求量激增的信息。该厂对这一信息进行联想分析得出：我们虽然无法生产洗衣机、电风扇和高级沙发，但是这些产品都需要万向胶球与之配套，而该厂恰有炼制废旧橡胶的条件，可以生产万向胶球。于是，该厂便转向生产万向胶球，很快投放市场，发展十分顺利。

这些例子都显示出：信息的分析与利用在生产领域中的影响是非常

重大的，它能给企业带来巨大的经济效益。然而，只有经过论证的信息，才能被选用，才能保证其效用性，取得好的社会效益和经济效益。

2. 营销领域

与生产领域一样，信息的分析利用同样在销售领域中起着指导作用。

销售有两种情况。一种是生产者向中间商的销售；另一种是商业公司向最终消费者的销售。应用市场信息进行商品销售，主要是应用市场需求的信息进行商品销售和指引销售目标，调整商品构成，组织新商品投放，以及为商品寻找市场等。

前一种销售属于生产公司的销售。这种销售所应用的市场信息，主要是商业公司的销售能力，商业公司的销售目标等信息。后一种销售是向最终消费者进行的销售。进行这种销售所应用的信息，主要是消费者的需求信息，包括消费者的需求目标，消费者的需求构成，消费者对新商品的需求，以及哪些消费者需要某些商品等。准确地掌握这些市场信息，可以有效地进行商品销售，取得更好的社会效益和经济效益。

长春市在 1998 年上半年进行了民意调查，发现了一个普遍存在的社会性问题：交通事故增多。这一动向，被一家五金商店掌握了，它知道要解决这一社会问题，必然由交通部门出面进行全市交通治理，这样将需要大批车铃上市。因为据调查，长春市有许多自行车没有配备车铃。结果，这家商店提前组织进货，取得了良好的经济效益，而且赢得了交通部门的好评。因此，信息灵不灵，是经营者能否在商战中取胜的先决条件。作为商战的参加者，要随时随地广泛收集报刊、电视里的经济信息和政策变化，甚至天气预报也要密切注意，并将这些信息与自己的经营活动联系起来进行分析整理，取得主动。

苏北有一家规模不大的百货商场，在 1988 年春节后从全国大型电扇公司进了大量的电风扇。当时店里的人很不理解，觉得原本资金就不多，这一下又把资金压在了"冷货"上，此举实在不明智。然而，一进入夏季，气温一天比一天高，多年不遇的难熬暑热使人们拥进大小商店，电风扇成了抢手货。这家商场有备无患，一下子猛销出近万台，一举得到十几万元的利润。原来，这个商场经理平时注意收集信息，尤其是天气预报。他了解到那年夏天将有多年不遇的高温天气，从而分析预测出电风扇将会畅销，于是下定决心，做了这笔成功的买卖。很多人都说：这是夏天的赐予。

对于小本经营者来说，虽然资金不能用来开百货商场或五金店，但可以借助信息开始运作生意。

美国佛罗里达州有位小商人，注意到家务繁重的母亲们常常为临时急急忙忙上街为婴儿购买纸尿片而烦恼，于是，灵机一动，想到创办一个"打电话送尿片"的公司。送货上门本不是什么新鲜事，但送尿片则没有商店愿意做，因为本小利微。为做好这种本小利微的生意，只能精打细算。这个商人雇用全美最廉价的劳动力——在校大学生，让他们使用最廉价的交通工具——自行车。他又把送尿片服务扩展为兼送婴儿药物、玩具和各种婴儿用品、食品，随叫随送，只收 15% 的服务费。结果，他的生意越做越兴旺，从小利变成了大利。

现代经营中，家庭小商店比比皆是。如何让家庭小店生意越做越红火呢？这里我们再举一个例子。

　　我国曾流行一时的"7·11店"就是这种家庭小店。它从早上7点到晚上11点一直营业。这种店虽小却很方便，主要经营食品和生活必需品。令人奇怪的是这种小店开在大商场旁边，但却充满活力而不衰。这种小店营业时间长，终年不停业，只要敲一敲门，主人就会来售货，方便至极。由于主顾之间彼此是邻居，提供信息也就极为方便。小店中对信息的处理更灵活方便，能够很快地满足顾客需求。

　　在信息的分析利用中，不要只利用了就完事大吉，还要注意信息反馈。因为通过信息反馈，不仅可以掌握消费者需求的满足情况，有利于以后提供更有效的商品供应信息，还可以指导生产的进行，对在使用中效果大的信息可继续供应其他生产部门，对在使用中效果小或无效果的信息，进行淘汰，再寻找新的市场信息来指导生产的进行。

　　另外，通过信息反馈还可以促进企业不断提高产品质量，降低商品成本，为改善企业经营管理创造条件。

　　国内的一家化妆品生产企业就是靠重视信息反馈而大获成功的。它和出售他们化妆品的几千家商店签订了合同：即由他们提供费用，各家商店负责为他们搜集有关市场情报。只要有人购买了他们的产品，商店都会记录在案，再转至该企业账下。企业对情况进行综合分析加工，制定新的生产计划。

　　综上所述，市场信息对公司来说，是至关全局的重要环节之一，关键看你怎样去捕捉和利用。

重视反对意见的价值

　　好的决策者，不仅应具有寻求意见一致的素质，还应学会在决策中倾听反面意见的素质。

反面意见对决策者至少有以下三方面的帮助：

（1）唯有反面意见，才能保全决策人不至于沦为组织的俘虏。在任何一个组织中，每一个人都有求于决策者，即希望决策者的决策对他有利。决策者欲突破这一陷阱，使自己不致成为某一方面的俘虏，唯有把矛盾和争论挑开，进行有真凭实据的辩论，才能找到说服各方的依据。

（2）反面意见的本身，实际上是决策的另一方案。表明决策者有了进可攻、退可守的多种策略打算，比"一锤子买卖"的可靠性要大得多。

（3）反面意见可以激发决策者的想象力，咄咄逼人的反面意见给人的印象极为深刻，可以极大地丰富人的想象力、判断力、创新力。

1950年，美国杜鲁门政府悍然发动了侵略朝鲜的战争。自古以来，中朝两国唇齿相依，在面临唇亡齿寒的危险时刻，中国政府毅然派出中国人民志愿军，跨过鸭绿江，与朝鲜人民军并肩作战，抗美援朝。

朝鲜战争是第二次世界大战后的一场现代化战争。骄横跋扈的美国人调动了其陆军的1／3，空军的1／5和大部分海军参战，光是运往朝鲜的战争物资就达300万吨以上，并动用了除原子弹以外的所有新式武器，直接战争经费达200亿美元，美国妄图一举占领朝鲜。但是，在3年多的战争中，被美军认为软弱可欺的朝中军队，却歼灭了美伪军109万余人（其中美军39.7万人），击落、击伤和缴获敌机12200余架，击沉、击伤敌舰艇564艘，击毁敌坦克3000余辆，迫使美军不得不退回原来发动战争的起点。美国在朝鲜战场上的惨败，使美国许多人士痛心疾首，哀叹这场战争是美国历史上最大的败绩，认为美国是"在错误的地方、错误的时间、向错误的敌人发动了错误的战争。"在停战书上签字的侵朝美军总司令克拉克垂头丧气地说："我是美国第一个在没有胜利的停战协定上签字的将军。"

美国在朝鲜战争中的失败，促使美国国会围绕"究竟出兵韩国是否真有必要"的问题展开了辩论。辩论中，有人想起，在这场战争爆发前夕，有一个机构已经预测到这场战争的进程与结局。这个机构就是享誉西方世界的德林软件公司，该公司实际上是个咨询机构，亦可称为"脑库"，也就是今天我们所说的现代智囊团组织。

事情是这样的：在战争爆发前，德林公司冒着亏本倒闭的风险，集中资金和人力，研究"美国如果出兵韩国，中国的态度将会如何"的课题。战争爆发前8天，德林公司拿出了研究成果，并打算把这一成果卖给美国对华政策研究室，卖价500万美元，仅相当于当时一架最先进的战斗机的价钱。该研究课题的主要结论只有7个字："中国将出兵韩国"。研究成果还附有380页的资料，详尽地分析了中国的国情，充分论证了中国绝不会坐视朝鲜危机不救，并断言一旦中国出兵，美国将会不光彩地被迫退出这场战争。可是当时美国对华政策研究室的官员们却视之为无稽之谈，一笑了之。现在战争败局已定，人们才想起德林公司的这个研究成果。虽然已时过境迁，美国政府还是以230万美元买下了这项过了时的研究成果，以利总结经验教训。当记者问及从朝鲜战场回来的美军司令麦克阿瑟将军对此有何看法时，他不无感慨地说："美国最大的失策是舍得几百亿美元和数十万美国军人的生命，却各啬一架战斗机的价钱。"

该出手时应出手

谋事需要果断，做到该出手时应出手，这样才能立竿见影。

阿迪达斯和彪马都是全球闻名的体育用品公司，两家公司都是靠制鞋起家的，更有意思的是，两家公司的创始人还是同胞兄弟。

尽管掌管彪马公司的鲁道夫十分努力，但他始终无法超越哥哥阿道夫经营的阿迪达斯。阿道夫富有创造精神，他不断尝试各种新材料，采用各种新工艺，以便开发出更结实、更好、更令消费者满意的鞋子。

1952年赫尔辛基运动会上，阿迪达斯样品鞋正式亮相，引起了德国人和世界体育界的重视。两年后，德国足球队穿着阿迪达斯鞋一举击败匈牙利队，获得了世界杯冠军。在这场来之不易的胜利中，阿迪达斯鞋立下了汗马功劳。

阿道夫并未就此满足，他将全部心思都用在了新产品的开发上。优良的品质和种类的繁多，足以满足各种场合的运动需要，这一点逐渐形成了阿迪达斯产品的特色，也因此奠定了阿迪达斯在国际体育运动中的长期统治地位。在蒙特利尔奥运会上，82.8％的获奖运动员都不约而同地穿着阿迪达斯牌子的运动鞋。

接下来阿迪达斯公司开始将业务拓展到与体育相关的一些产品上，如田径服、网球服、泳装以及乒乓球拍、越野雪橇等。为了使公司以最快速度发展，阿迪达斯公司开始了资金和技术的输出。他们在别的国家投资建厂或委托加工，以此来节约成本和增加产量。阿迪达斯发展迅速，甚至有独霸世界跑鞋业的势头。

但是，在同行中独占鳌头的另一结果，就是使自己成了所有同行的竞争对手。耐克公司的创始人奈特是运动员出身，他的教练鲍尔曼曾多次打破世界长跑纪录。鲍尔曼根据自己丰富的运动经验总结出一个道理，跑鞋的重量——哪怕仅仅是一盎司，也会影响比赛的结果。1972年耐克公司制造出新型运动鞋，深受市场欢迎，公司的销售额也逐年成倍增长。

那么，在耐克公司迅速发展的同时，阿迪达斯在做什么？

20世纪60年代末70年代初，跑鞋业呈现一派繁荣景象。世界上越来越多的人开始关注自己的健康，体育锻炼是他们保持健康的首选方法。因此，运动鞋和体育用品的需求出现了迅猛的增长。然而，阿迪达斯公司却对此做出了错误的销售预测。由于公司每年的销售增长都维持在一个较低的水平，所以阿迪达斯公司不敢对未来期望过高。还有一点就是随着全民健身运动的开展，市场的需求呈现出多样性。运动员挑选运动鞋时主要考虑它的功能、轻便、舒适，而对于非专业运动员而言，或许更注意款式、色彩、个性等特征。同样，由于消费群体的迅速扩大，营销手段和销售渠道也应做相应的调整。譬如说过去的运动鞋广告主要是做给专业人士看的，而现在却要面对普通人群。

阿迪达斯对产量的控制使得它失去了又一次飞速发展的好机会，而将市场份额拱手让给了其他公司。仔细分析耐克公司的成长历程，其市场策略、宣传方式、扩张手段几乎都与阿迪达斯如出一辙，但它抓住了一个最好的空隙，趁阿迪达斯打盹之际自己迅速发展壮大起来。

客观上讲，制鞋业并不是一项门槛很高的产业，阿迪达斯无力阻止其他公司进入这个领域。但是，当市场需求呈几何级数增长的时候，也就是该行业最容易引起竞争的时候，如果阿迪达斯公司能够准确预测到市场的走势，作为该行业的龙头老大，它完全可以采取一些手段来增加对手参与竞争的难度。说得通俗点就是把本行业的门槛加高，进入者自然就会减少。

市场优势和占有率是很脆弱的指标，有时往往不堪一击。

销售总额的上升有时会掩盖市场占有率的下降，对生产者来说，这是一个危险的信号。

准确地预测未来是企业发展的前提。给对手多一分机会，就给自己多留了一分危险。

没有疲软的市场

有人曾说有疲软的商品，没有疲软的市场。这话不无道理。事实上，只要企业尽力满足消费者的需要，它的产品销售绝不会疲软。

20世纪90年代初，在江苏一带流传着"小骆驼"闯进大上海的经营佳话。说的是江苏省一家小厂将自己生产的"骆驼"牌电风扇投入名牌林立、竞争激烈的上海市场，从无人问津到供不应求的事。

1990年初夏，"小骆驼"大张旗鼓地进入了上海市场，由于名不见经传，其貌也不扬，结果无人问津，怎么办？该厂负责人立即赶到上海做市场调查，发现差距有三：

牌子不如"华生"响；式样不如"雪花"多；造型不如"海鸥"美。

于是他连夜回厂攻关，仅一个星期，拿出了造型、质量不亚于"华生"，而价格却比"华生"低15％—20％的"骆驼"，再次闯进上海，结果供不应求。

从"无人问津"到"供不应求"，其"秘诀"就在于快速应变，投客所好，强攻市场。

市场的开拓与占领是企业生存的基础。在市场经济条件下，企业是为市场生产产品的，市场是企业生命的核心，企业的经济活动都围绕着市场开展。

第三部分

谋效益

管理是手段，效益是目的。这个道理本不用多讲，只需要落实到具体的工作中即可。但不可回避的事实是：有些管理者并不是以效益为目的，所以难以给单位、公司创造财富，这等于是"只打雷不下雨"式的管理误区。真正的管理者应当把管理手段与工作效益有机地结合在一起，这才是明智之举。

所谓谋效益之道在于：做任何工作都必须与效益挂钩，没有效益的工作，等于白干，尤其是在公司中，更是要把效益摆在第一位。效益一方面是靠"管"出来的，一方面是靠"干"出来的，但是都离不开一个"谋"字，谋划得越深，越滴水不漏，工作效益就越高；否则，你的公司就会一盘散沙，出现内部空虚。

1 **紧手原则：抓效率战术**

万变不能离"效益"两字

管理人之所以要把管理作为经营的第一要素，是因为效率产生于管理。不管公司怎样改变计划，怎样给员工分配工作，都万变不能离开"效益"这两字。

我们先看一个例子：

罗克海先生，是飞利浦台湾公司一家工厂第一任总裁。

当罗克海先生从荷兰飞到新竹科学园区，走马上任该工厂总裁的时候，他所面对的，是每个总裁都要经受的考验：新流程、新产品、没有经验的工人、变化快速的市场、工厂建造期间还经历 6 次台风。

结果，工厂不但比原定的 18 个月早半年完工，而且开工一年不到，就风风光光地庆祝第 100 万个彩色显像管的产出。

曾经天天工作超过十几个小时的罗克海先生，现在不但可以"睡得安稳"，还有余暇热切地筹设新竹第一个游艇俱乐部。

曾为工厂大小细节疲于奔命的罗克海，创出"效能管理"，帮他管理流程复杂的工厂。

这套方法不但让荷兰飞利浦总公司折服，决定今年起在全球飞利浦工厂推行，前来参观的日本竞争对手，都细细问了内容，带回去做参考。

"这个方法，其实只是常识。"51岁的罗克海，努力用中文念"常识"。

他的办公桌前，贴了一张中文写的"常识"两个字。

罗克海形容的常识，其实打破了过去只求生产绩效的心智模式。

一位总裁曾经指出，过去用来评估生产表现的"良率"，是计算产出和合格产品的比例，大家忽略了其实产出和设备的最好效能还有一段距离。

效能管理结合设备利用率与良率的概念，简化成一张清楚易懂的表，以设备完美运作时的效能为上限，从中区分出实际产出、直接良品、经过调整的良品等，并细分出它们与实际产出的差距之因。

"就像从直升机上看事情，可以总览全局。"

罗克海指出，任何人要看这张表，就很清楚工厂的潜力在哪里，目前做到什么程度，哪里出了问题。

有问题的部门，则再用同样的表，分析为什么出问题，进而提出改善计划。

但不是充分发挥现有潜力就满足了，还要不断设法发挥更大的潜力，即了解现状与潜能的差距，寻找激励的动力。

效能表上标示了共同努力的目标，大家一起想，可以改进多少，怎么改进，"百分之百是我们的目标，我们现在想的是不能全部生产的损失"。

效能表也提供讨论所需的扎实数据及信息。

过去各部门讲各部门的话，现在效能表提供了共同语言，现在大家"不是坐下来谈差异，而是直接切入解决问题"。

效能表的产生及运作，电脑是不可缺的幕后功臣。

这家工厂的许多生产线，都可看见机器人规律地忙碌。不只生产设备电脑化，连产品数量及品质，都整合起来。

透过产品上的电脑条码，计算机器人的工作量，电脑系统可分秒掌握生产及运作情况，并告知异常状况。

即使是夜里10点，已下班在家的罗克海，只要打开书房的电脑，荧屏上立即显示全厂的设备图。

如果哪个设备出现红点，只要按几下鼠标，电脑即显示故障原因，罗克海只需拨通电话，便很快掌握状况，不必在冷风飕飕的夜里开车进工厂。

发明出效能表，和罗克海的背景有关。

罗克海说，效能表就兼有总览全局、掌握细节、目标明确的优点。

台湾飞利浦公司有一位总裁指出，从争取戴明奖（全球最高荣誉的公司管理奖）开始，飞利浦就建立一种管理精神、透明化、数据化。

而效能表将生产活动数据化，并让员工共享这些信息，对提高生产效率，帮助极大。

看着效能表记录，罗克海欣慰地说，平均每两个半月，产出会往上跳一级："就像在高速公路开车，一档一档换上去，现在就要冲刺了。"

做事情若没有效率，则所付出的努力将没有成效，因此公司的经营与管理也要讲求方法。

公司之所以有不当的工作分配，一方面或许由于对员工的调动不对；另一方面，许多工作分配，都以现有的空缺和员工是否能立刻就职为依据。像这种不考虑员工个别特性的做法，非常容易使工作缺乏效率。

管理者分配给员工工作，不能根据他们的实际能力的情形很多。例如：缺乏专业知识、员工的健康或性情不能承担其工作、劳心与劳力者工作的错派等。此处，工作分配的错误，也包括了某些社会因素。例如：员工可能被派遣到外地工作而远离亲人，或许由于雇员的离乡背井，而产生了家庭问题，影响工作。

迅速地调职使员工的"心理过渡"一下不能适应，因而缺乏效率。但是，若能提供员工足够的工作自由，必能减少大部分的调职冲突，而且能提高效率。

效率是衡量成败的唯一标准

管理者要想让自己成为一个成功的人，尤其是成为一个有效率的人，就必须能够适应现状，应当做到：

（1）好好地掌握现状。

（2）好好地掌握周围的需求。

（3）对于现实的期待，予以妥善的回应。

这是很重要的技巧。说得简单些，就是管理者必须明白：

（1）自己站在什么立场。

（2）什么是自己非做不可的事。

而依据这两个原则，及时地做出最恰当的对策。

然而，大部分的管理者都是比较关心如何提高自己的业绩（即如何做一个"成功"的管理者）。为了以最快捷的速度达到预期目标，他们不是对部属采取迎合的态度，就是强迫部属接受自己的想法，常会忘了要好好地掌握现状、好好地掌握周围的需求。在这种状况下，自然没有时间好好地思考自己站在什么立场以及什么是自己非做之事，这二项重要的问题。

因此，自己的努力得不到相对的回应，不但业绩无法持续成长，也得不到部属的信赖，所得到的只是眼前的业绩提高。由此可见，一个有效率的管理者必须掌握现状以及周围的需求，如此才能使业绩持续成长。

美国经济管理大师彼德·F.杜拉克所著的《有效的管理者》一书，是一本论述公司管理方法的名著。他所提出的精辟见解，对于管理者有参考价值。他认为："管理者运用人的长处，面临的第一关即在于择人。"

有效的管理者择事和升迁，都以一个人能做什么为基础。他的用人决策不在于如何避免人的短处，而在于如何发挥人的长处。

由于培养和留住人才不易，台湾公司近来风行自我管理、责任赋予的管理哲学，通过充分授权、鼓励员工自我考评的方式，设法为公司留住中坚人才。

台湾麦当劳推出逾增年的区分责任区域制，由于效果显著，更强化了麦当劳采取自我管理的管理哲学，给员工更多的发挥空间、工作弹性，并且培养员工自我规划、实践、充实的能力。

台湾麦当劳餐厅总裁李明元说，麦当劳目前将全台湾分成台北市、北区、中区、南区等四个区域，各设开发小组及营运管理委员组织，由协理、新管理人和新管理人级管理干部担任新管理人或委员会主席，负责责任区域内的门市开拓规划、经营管理等。

他说，这些管理者，就得全权负责各区的营运发展，不仅要达到总公司的开店、营运目标，还可以自行规划、建议各种市场行销方式。

由于许多决策过程化，不必所有的门市都等待总公司的指令做事，使得公司的办事效率提高不少。

短短半年之内麦当劳增加了近40家门市。李明元说，如果采取以往由总公司掌控所有门市拓展的作业流程，40家门市的设立必须花费颇长的时间，如今半年内即有此成绩，就是因为公司让各区做良性竞争的结果。

统一公司最近也流行"绩效面谈"管理模式，就是让管理者与员工"定好彼此同意的目标"后，让员工定期自我评鉴，方便员工作意见陈述，也让管理者在考核员工的表现时，可以有不同的观察角度，以更积极的态度面对人力资源管理问题。

统一公司指出，由于绩效面谈让员工有自由发言、阐述工作表现的机会，等于给了员工和管理者互通的渠道，因此无形中给员工自我监督、考核的压力，这样在尊重员工的前提下，更容易凝聚员工对公司的向心力。

食品业者近来也不断加强与员工的互相沟通关系，让员工有充分发挥作用的空间，也有向上表达意见的机会，以适当的传递渠道，协助员工缓解工人压力或情绪，增加员工自我管理、实践的训练，也让公司尝试运用不一样的管理方式，设法找出最有效、最适合的管理模式。

让员工在专长上大显身手

管理者从事管理工作不是一时兴起，就抓问题，处理员工，而是一项长期的智能化管理，要克服小生产的观念，能够巧妙进行有效的管理，理顺各方面关系，争取上下级的支持、理解和信任，让员工在专长上大显身手。这是管理者的重要职责所在。

对管理者的事业发展来说，关键的一步就是从资源责任的角度来对工作进行分析。要时常问自己这样一个问题：公司把哪些资源交给我来照管？从这个角度来看一看你的工作。如果要知道你对多少资源负有责任，就要像盘存货物一样列一份清单。

大多数管理者都要对人负责，这就意味着他们有责任管理好这些员工的时间。

从可用时间的角度来思考可以帮助管理者在必要的时候做出必要的决策。为了保持部门工作的进度，哪些任务可以推迟或者取消？把时间作为一种资源来考虑，可以帮助管理者对问题做出反应并采取必要的补救措施。

管理者要想对员工进行有效的管理，首先必须知道他们能做些什么。要避免把任务分派给了员工，而他们根本没有掌握完成任务所需的技能，或者没有接受过必要的培训。

管理者若想知道部门内每一位员工都有哪些能力，必须了解他们的特长，而初步印象就是通过他们的履历表获得，然后制定一份员工专长表。

通过为部门内的每一位员工建立一张这样的员工专长表，管理者就会了解他手下有什么样的可供利用的人力资源。一旦有了新的任务，管理者能够很容易地决定谁是最合适的人选。

经过一段时间的观察，管理者就似乎可以看出每个员工具备什么技能、缺乏什么技能，还需要什么培训。但事实往往不是这样，因为有些员工十分擅长隐藏他们的缺陷，他们害怕让管理者知道自己不懂的东西。

管理者可与员工进行下面的交谈：

（1）你最喜欢做你工作中的哪部分？

（2）你为什么最喜欢那部分？

（3）你想让公司分派你做什么工作？

（4）你为什么认为自己擅长做哪件工作？

（5）你是否具备一种公司所不知道的技能？

（6）你是否想掌握某种特殊的技能？

（7）关于公司如何更好地运用你的技能，你是否有什么建议和想法？

（8）你最不喜欢做什么？

（9）你最不喜欢公司的什么？

（10）如何才能使公司变得令人愉快？

一般的规律是，人们喜欢做那些自己做得好的事情，而不喜欢做那些令人遭受挫折或者掌握起来有困难的事情。发现员工们不喜欢做哪些事情，就会知道他们缺乏哪些技能。

那么怎样进行裁员呢？

1. 人事成本考量

一般公司人事费用约占总支出成本的 10% ~ 20% 左右，如果超过此标准，公司就得精简，以降低用人成本。

以某知名公司为例，该公司原有员工接近 2000 人，每年人事费用高达 17 亿元，而其公司每年亏损 7 亿元。依此推算，若能把人事费用降低至 10 亿元的话，则该公司就能打平。

由此逆推核算，必须裁减 650 名人员，所剩下的 1300 人就是该公司所认定的最适合规模。

2. 营业额考量

有些公司在裁减过程中，首先会找到一个营业额相近的公司作为对比的标准。为何有相同的营业额但用人数却高出甚多，然后裁减"剩余人力"。或核算每一个员工的平均产值与相比较的公司对比后，决定裁减多少人员。

3. 用人配置考量

公司在同业间做广泛性的调查比较而得到适用人数。比如说，人事部在同业间的调查是每 150 人有一位新管理人员，假如该公司的用人数超过这一标准，即进行裁减的动作。

4. 人力素质考量

此种方式是依公司所设定的标准，把员工评比 A、B、C 三级。

A级员工是有能力并且为公司做出很大贡献者，把其划归不能裁员的部分；B级员工是能力及对公司贡献稍好者，可划归为可裁可不裁者；C级员工是既无能力又无贡献者，这些人列为必裁的名单中。然后把A级分成AA、AB、AC三级，B级分成BA、BB、BC三级，C级分成CA、CB、CC三级共九级，然后依此作为级员的顺序。

以上只是简单的方法，事实上各公司会设定裁员的综合指标，同时采用上述各种考核方法。

靠"绩效考核"证明优良中差

作为一个部门的管理者，每个月都要对员工做出绩效的考核，以便向上级汇报员工的个人品质，作为上司提升自己的依据。所以，部门新管理人就要综合地给予员工评价。

作为公司人力资源管理的一项重要常规工作，中国境内各类公司的年终绩效考核一般都在每年1月份进行。

据了解，目前许多外资公司和内资公司，在考绩方面存在的主要缺陷有：理念狭窄，操作不规范，方法陈旧、失当。

那么，如何提升绩效考核的品质？

从理念上看，传统的人事考核，大都是"回顾性"的，即过去一年员工工作得如何。

考核的目的也只是为了调薪、发奖、决定升迁。现代人力资源管理理念认为，考绩是一种开发、发展的方式，不仅仅是有"回顾性"，关键在于"展望性"，即要对员工将来在公司的发展，以及如何使他实现这种发展等做出决策。这就需要将考绩与指导员工改进工作，管理者制定在职辅导计划、制定个人发展计划，教育训练与薪酬、奖惩、升迁放在同等位置。

另外，考绩不仅仅是对个人的考核，还应将团队整体表现是否进步、个人在部门整体中是否有进步、个人的绩效在过去一年中是否有长足的改进等考虑进去，才会形成现代人力资源管理意义上的绩效考核。

操作不规范是不少公司的通病，表现为管理者不重视、操作随意、流于形式、公司各部门配合差等。

在现代人力资源管理中，考绩包括薪资、任用、升迁、奖惩、激励、工作改进、教育训练、在职辅导、管理提升、个人发展等内容。

在考绩方法上，值得注意的有两种情况，一种是外资公司搬用母公司的方法，另一种是内资公司沿用国有公司的老方法。

在现代人力资源管理中，考绩已形成了一整套标准化的方法，这些方法对各类公司都是适用的。但是，这些考绩方法也必须根据公司的规模、行业、发展战略、类型、员工层次、文化价值等等做出具体选择，盲目搬用国外的或沿用原国有公司的，都可能影响考绩的客观性、针对性。在拟定绩效考核方法之前应该首先了解，绩效考核的目的在于：

（1）设计一种公平合理的方式，在一段时间内，尽量客观地衡量出个别的组织成员对组织的实质贡献（或者可以说存在价值）。

（2）确实让被衡量的人能够了解衡量的结果，以便依据此结果来修正自己的行为，提高对组织的实质贡献。

其次，衡量实质贡献时应注意两个重要的尺度，第一个是实际完成工作的质与量，其次是对组织的无形贡献，包括对公司的认同态度、责任感、与其他人员的配合度和相处情况等等。

这两个尺度是不可偏废的。就衡量的方法而言，实际完成工作的质与量是比较容易精确计算的。

至于无形贡献的衡量，以利用无记名问卷的方法比较可行。但是在设计问卷时应以简单、明了及有效为准。

再次，不同阶层和不同功能的人员，衡量的内容也应该有所区别。例如：执行层次的人员和规划层次的人员就应该有不同的衡量内容，而且考核期间长短应该适当，太长或太短都无法发挥考核的功能。

最后，我们应该了解，无论多么精密的考核方法均很难绝对公平合理，并且精确地衡量出每一位组织成员的实质贡献度。

因此，应该让每一位被衡量者，除了了解衡量结果外，并且有机会对衡量结果说出自己的看法而且得到适当的回应。

如此才能算是一套完整的考核方法，因为唯有能改变被衡量者行为的方法才能算是最好的绩效考核方法。

改变低效的 7 种方法

效率是管理者考虑的重要问题，因为一个没有效率的公司，一定不会产生效益。甚至可以说，效率高与低是考评管理者是否称职的一个重要方面。

无论事先多么小心，每个管理者都会遇到生产进度问题。当跟不上进度时，你该怎么办？急躁，抱怨……其后果只能降低你在下属心中的地位，失去你的工作能力的威信；与其这样，不如找出解决这些问题的方法，巩固自己的威信。

当跟不上进度时，管理者应采取以下措施：

（1）立刻向高级管理层汇报。

（2）当管理者向高级管理层报告问题的时候，应当有一个补救行动的计划。高级管理层希望知道问题所在，但更希望知道解决问题的方法。

（3）揭示引起延误的原因。只有知道了症结所在，才能解决问题。

（4）进行调整。

（5）召开一个部门会议，征求大家的意见。

（6）如果不能纠正整个问题，就寻求妥协的办法。

（7）如果别无他法，失去的时间不可挽回，就向高级管理层提交一份修订过的日程表。

总之，正确掌握处理低效的方法，才能证实管理者的能力。

激发出下属的自信心

自信是美好、积极向上的品质。我们办任何事情都需要自信，只要对自己的成功充满信心，你就会赢得成功；心存疑惑，认为自己不能成功的人，一辈子将一事无成。

中国工农红军长征结束时只有几万人马，但他们凭着崇高的信念，最终打败了国民党 800 万军队，建立了新中国。罗纳德·里根是一名演员，却立志要当总统，从 22 岁至 54 岁，里根从电台播音员到好莱坞电影明星，整个青年到中年的岁月都是在文艺圈内度过，对于从政完全是陌生的，更没有什么经验可谈。这一现实几乎成为里根涉足政坛的拦路虎。然而，机会终于来临，共和党内保守派及一些富豪们竭力怂恿他竞选加州州长时，里根毅然决定离开大半辈子赖以为生的影视业，决心开拓人生的新领域。凭借他的知识、能力、经历、胆识以及强烈的必胜信念，他如愿以偿当上了加州州长。以后，他又向总统宝座发起了冲击，并最终当上美国第 40 届总统。

这两个例子说明了一个道理——坚定不移的自信是成功的基础。自信不是空想，像阿里巴巴那样喊"芝麻，芝麻，开门吧！"而后门开宝贝归你，那是根本不现实的，有这种想法的人是把"自信"和"希望"等同起来了。

自信不仅对于立志成功者具有重要意义，而且对于企业的发展、事业的成败同样具有重要意义。作为企业的领导者，一项重要的工作便是帮助下属树立自信心。有人说，成功的欲望是创造和拥有财富的源泉。人一旦拥有了这一欲望并经过自我暗示和潜意识的激发形成一种信心，这种信心便会转化为一种"积极的情感"。它能够激发潜意识，释放出无穷的热情、精力和智慧，进而帮助其获得巨大的财富与事业上的成就。所以有人把"自信"比喻为"一个人心理建筑的工程师"。在现实生活中，自信一旦与思考结合就能通过激发潜意识来激励人们表现出无限的智慧和力量。

告诉你的下属，在每一个成功者的背后，都有一股巨大的力量——信心在支持和推动着他们不断向自己的目标迈进。所以，有人肯定地说：信心是生命和力量！信心是奇迹！信心是事业之本！

其次是帮助下属建立信心。这不靠威胁利诱，也不靠惩罚恐吓，对下属充满依赖就可以成为激励他自信的动力。你相信他们有实力能使企业振兴，下属也就相信了自己，将潜能发挥到极点。当然，信心不是建立在沙滩上的空中楼阁，信心的基础是实力。企业领导者要分析本企业的优势，如技术上的优势、长期以来形成的信誉、国家的优惠政策、资金雄厚的优势等等，反复对下属进行宣传教育，使他们看到企业的明天，知道企业振兴的原因，而不是空说几句大话。

有信心和没信心大不一样，即使对于濒临破产的企业也是如此。听到过一位经过锻炼恢复健康的癌症患者的话，他对一位患胰腺癌而对气功锻炼信心不足的患者说："锻炼就有1%的希望，不锻炼就只有死路一条。"套用他这个意思：企业无论在多么困难的情况下，领导都要让下属建立信心，没有信心恐怕也是"死路一条"；有信心，就有振兴的希望。下属建立了信心，企业才有希望，才能发展。

激励要因人而异

激励的目的，不在于改变下属的个性，而在于促使下属自我调整，产生合理的行为。下属自我调整的方向，应该朝向企业的目标，这样产生的行为，我们称之为合理行为。

随着年龄的增长，个性就更难改变。强制某人改变行为，而不是设法让他自行调整，是不可行的。一般而言，什么样的人就是什么样的人，我们是不容易改变他的。我们所能做的，只是顺着他的个性，增加一些东西，使其自己改变行为。

所增加的东西，称为激励的诱因。每一个人的诱因都不相同，必须个别了解之后分别对待。把每一个人都当成独立的一个人看待，是领导者应有的正确心态。

由于激励的诱因不同，激励的方法也不相同，对某一部分人有效的激励方法，对另一部分人却未必有效。而且时间改变，方法也要跟着有所调整。

下属自己充实自己的实力，提高自己的本事。企业提供合适的工作机会，使具有实力的下属，得以好好地表现。然而，有本事的下属，肯不肯表现，会不会好好地表现呢？这就牵涉到激励的问题。

在有本事的下属身上，添加一点思想，会使其调整自己的行为，尽心尽力把工作做好。这加上去的一些东西，叫做激励。

良好业绩是能力与激励的乘积。能力指下属应该具备的条件，亦即做人做事的本领。激励是企业在工作机会之外，必须提供的某些因素，用以激发下属努力的意愿。业绩则是下属受到激励应有的良好表现。

下属的能力是否符合工作的需要，这是初选时就应该明确辨识的。从应征者的喜好、态度、专业、人际技巧以及沟通能力，就能判断其做人做事的本领。

常见的情况是：新人都十分卖力，可惜一段时间过后，便逐渐降低努力的程度，然后保持不被开除的水准。原本希望新人新血输入带来新气象，不料新人被旧人同化，依然旧习心性。

可见有能力的人，必须给予有效的激励，才能人尽其才。有能力未激励，是企业的损失，造成人才的浪费。

但是，企业常常用同样的方式来激励不同的人，实际上收效不大。最好能够针对不同的需求，分别给予合适的激励，以提高生产力。

激励，激励，再激励

当下属失去了干劲，意志消沉而无法执行领导交给他的任务时，就得看领导如何去激励他们了。

譬如，日本一家食品企业的生产领导，常会对其下属提出这样的要求：

"现在我们企业面临着很大的危机，希望全体下属能够同心协力，扎紧裤腰带，共渡难关。要不惜多牺牲个人利益，保护集体利益。相信我们必会取得最后的胜利。"

刚开始这种动员颇有效果，可是，几个月过后，就没有人再理他了。

于是，他就拿出一套新的口号激励下属。他又为下属们树立了一个信条，结果全体下属都深深记取了，个个焕发出了他们前所未有的新面貌。

一个人的热情不可能永远保持，它需经常激发，一次动员后当下属的干劲又涣散了的时候，领导应该给他们动员、再动员。这也很符合每个人的心理特点，在他们冲向成功终点的途中，他们需要一次一次地给自己打气，给自己鼓励。其实，这是一种精神食粮，是每个人都不能缺的。正像我们的一日三餐一样，不吃就饿，这是极自然的事情。

兵家有句话叫做"兵不厌诈"，在企业里也是这样，一次又一次的新形式动员，下属们是不会厌烦的，因为每一次都给了他们很大的精神鼓励，给了他们巨大的力量。因此，每个领导都必须学会激励他的下属，给他的下属做一次又一次的动员。每一次都是新形式，每一次都给他们以新的刺激，新的感觉，使他们在奋力拼搏的路上永不疲倦。

一句话，"动员，再动员"是用人的妙诀。一个不会动员下属的领导绝不是一个好领导，因为这是一个好领导所应具备的最起码能力。

动员也可以通过座谈会的形式。作为一个领导，遇到新问题或新矛盾，定期召集下属开个座谈会，这是很好的方式。因为这样既有利于发现问题、处理问题，又有利于搞好团结，便于统一领导，更能激发他们的主动性。

开座谈会的关键就是要开诚布公。如果做不到这一点，很容易使座谈会流于形式，结果费了很大的努力，一点作用也起不到。所谓开诚布公，就是让参加者畅所欲言，好坏一齐说，爱恨一齐说。对坏的方案错的话不给予记录，要鼓励他们说，说到最深处。从而真正能够自由谈论，交换意见，调动广大员工的积极性。

让创新意识在员工中扎下根

好公司都是点子公司，都是创新公司，这是老板善于开发创意的结果。好老板，要让创新意识在员工中扎下根。

开发创意性思考的另一个问题便是：大部分人通常怯于发表自己的新观念。对这些人，除非先鼓励他们培养自信心，否则很难让他们的创造能力完全发挥出来。要让员工对自己有信心，最好的方法便是对他们表示信心。有些人在这一方面很需要特别帮助，美国卡内基训练中的沟通和人际关系课程，可以帮助这方面的发展。

老板可以协助员工克服发挥创意的障碍，其中之一便是"顺应环境"的习惯。他们不想有与众不同的思想，正如他们不想在衣着、言谈、举止方面与别人不同。我们要让这些人多多接触一些新思想。事实上，许多发明往往是一些有勇气破除旧习或反抗传统的人（团体）所做出来的。

要鼓励员工培养创意性思考，老板应随时注意倾听他们所表达的新观念。无论这些观念如何荒唐可笑，也不可妄下结论："这行不通！"要审慎地与当事人做进一步讨论，看看是否能发现该观点的好处来。在你评估意见的时候，要先称赞员工提出意见的积极态度。若有需要批评的地方，也应采用肯定的态度。例如：最好不要说："那太花钱了。"最好是说："珍，你有没有先算一下费用？"如此一来，珍自然会考虑到费用的问题。说不定还能想出更好的方案。要记住，一个"与众不同"的人所提出的看法，当然有时会不合实际。但千万别因此而对其表示轻视，这样会永远扼杀了此人的创意。

发展创意性思考的另一障碍，是许多人一旦决定做事的方法，便不愿轻易改变。这些人对不同的意见往往固执地封起双眼和耳朵。戴尔·卡内基曾说过："时时敞开你的心灵准备接受改变。要欢迎它，取悦它，要一再检验你自己原有的意见和看法。"这是所有管理人员应该遵循的原则，也应该鼓励员工这么做，如此才能开发出所有人的创造性来。千万不要说："我们一向是这么做的。"这会扼杀了许多新的好主意。

比较复杂的障碍是：由于许多人对问题的认知程度常有不同，甚至同一个人在不同的时间，对同一情况也有不同的看法。心理学家对这一类认知问题有相当深入的分析。人们会有意忽视那些干扰他们或混淆他们原有想法的事物。除非他们把这些外来的影响驱除掉，并认清自己一向所持的认知态度，他们才有可能改变以后的认知态度。

假如老板能营造起接受新观念的气氛，鼓励员工读书或参加研讨会，让他们参与其他富有创意性的活动——都可鼓励员工发挥创造潜能。这些努力有朝一日必有收获，员工的创意性贡献必可促使公司成长。

更重要的，这些贡献新观念的人也会一同成长，并更具活力，更有成就感。

　　创意的好处当然很多。根据美国参加"卡内基私营公司老板私营公司老板训练班"的学员报告，不计其数的意见每年为许多公司节省了成千上万的金钱和时间。尤其是各种创新的意见，使他们得以经由各种方法和系统，而完成自己的工作目标。

活力之道：善于激励

称赞下属要慎重

领导称赞下属，从很大意义上讲是手段而不是目的。当着大家的面称赞下属，一是为了鼓励被称赞的下属，让他意识到领导对他的肯定和赞赏；二是为了给其他人树立榜样，鞭策其他人努力工作，干出成绩。当众称赞某一位下属无疑是驾驭和控制下属的有效方法。

但是，如果当众称赞某一位下属的成绩和优点不恰当，就可能引起其他人的不满或嫉妒，不仅给被称赞的下属造成坏的影响，还会损害领导的威信和形象，激化企业的内部矛盾。所以当众称赞一位下属必须慎重。

领导当众称赞某一个人，必须首先考虑控制住其他人的嫉妒心理。秦始皇就吃过这方面的亏。秦始皇早就听说韩非有旷世之才，很想得到他，成为自己成就大业的辅佐。终于一天机会来了。韩王派韩非为特使到秦国，实际上是做人质。韩非来到秦国，受到秦始皇的高度礼遇。秦始皇赞韩非道："公子真知灼见，旷世未有。"韩非口吃，支吾道："陛下……非欲……诚……笃……自……见……"说了半天才吐出了一句话，脸涨得通红，就沉默不语了。秦始皇很觉遗憾，于是他又问李斯、姚贾等，说："韩非才深学博，朕览其书，知其人泱泱风范，深明举国之理，治民之法。朕赏其才，不知卿等意为如何？"李斯、姚贾见秦王如此赞赏韩非，心里嫉妒得要死，恐怕秦始皇起用韩非，恨不能找个坑把韩非活埋了，于是群起攻击韩非，结果秦始皇的计划没有实现。

控制好下属的嫉妒心理并不是说完全杜绝嫉妒心理的产生，其实，当众称赞一位下属让其他人产生一点嫉妒和羡慕是正常的，关键在于领导能切实把握好、引导好，把这种嫉妒和羡慕心理朝着有利于工作和团结的方向引导。秦始皇没有能力也没有决心把大臣们的嫉妒心理控制住，结果反而导致了韩非之死，教训深重。

奖金分配有学问

奖励有很强的推动作用，对于不同社会地位的人都可以起到提高服务质量和工作热情的作用，甚至还能够激发出惊人的干劲。

批评处罚则是对于工作失误或不到位而影响整个工作的开展，借以警醒的一种手段。

人类都生活在经济的社会，金钱对人的诱惑力还是很大的，利用金钱促进工作的开展，是一种常用的方法，但是只有运用策略得当，才能够更大地发挥它的作用。

如何运用奖励制度才能获得"奖有所值"呢？

岗位奖金制度：在其位得其钱。树立属下的岗位意识，要分工明确，人尽其才，也不能够大材小用。

这种奖励制度是使下属确认一个原则："贡献大的获得也多。"防止大家同吃大锅饭，认为干不干活一个样，贡献大小一个样的思想。这种奖励应该是明的，大家心中都有数，促使其在做好本职工作的同时努力学习新的知识，激活上进心。

不定期奖金：这种奖金采用暗奖的形式。利用本部门的小金库发给大家奖金，使大家认识到这是额外的收入，增加对领导的信任和好感，对本部门前途抱有信心，产生凝聚力。不定期奖金体现的是你本阶段的工作态度和成果。

不定期奖金不仅对外是不公开的，就是对本部门的每个人来讲都不是公开的，只有领导自己知道。

暗奖具有如下的作用：

1. 杜绝攀比心理

防止同一岗位的人员互相攀比，产生消极和骄傲心理，不利于工作。

每个人的奖金对他人来说都是未知数，也不知道自己在领导心目中的地位如何，每个人都会努力工作，防止被领导炒鱿鱼。

2. 利用警戒心理

对于认为自己比其他同事有能力的人来讲，不知道与其他同事的差距，也就不能有丝毫的大意，同时对领导产生归属感；

对于认为自己比其他同事能力差的人来讲，认为别的同事获得的更多，也不能去问领导，只好自己去找原因，凡事会变得谨慎和努力。

3. 利用自慰心理

不知道别人的所得，故在心理上保持一种平衡，就会找出理由来安慰自己，"自己的努力领导会记在心上的"，"自己的过错领导给予了原谅"等等。

就事论事奖：各部门有时会接到一些私活，领导就会将这些活交给他认为能力强的人办理。因为私活而得到的费用，明确给负责该项目的下属大头，其他人给小头。这样做一方面体现出能者多劳，多劳多得的原则，另一方面促进其他同事的竞争意识，提高整体的业务水平。

龚同在一家建筑企业技术部工作，主要从事土建技术。由于其本身对在机关工作没有什么油水不很满意，在业务上也是稀里糊涂。一天，领导带着一个项目的图纸给他的同事魏志强布置任务，临末了加了一句："要做好一点。"此后几天，魏志强的工作由龚同来做。又过了几天，领导发给魏志强 1000 元钱，又发给其他同事以及龚同每人 300 元钱，说："这 300 元是你们沾了小魏的光了。"龚同替魏志强做了工作，一人做两份工作，也只是得到 300 元钱，在领导眼里还落得个"沾光"。从此，龚同意识到在机关也能赚钱，开始努力学习，终于也成了能够让别人沾光的人。

当然这样有可能会产生消极的后果或怨言，特别是对于那些能力相差不大的下属来讲。他们会认为领导不重视自己，一碗水没有端平。这样领导在分配任务时应该平衡关系，防止出现抵触情绪。

就事论事奖一定要保证劳有所得，不要采用大锅饭的方式，否则干的没有积极性，不干的却能拿到同样的奖金，反而会起到相反的作用。

某家国有企业的某项目技术部参加 ISO9002 的质量认证，企业已经下了死命令，质量认证工作在哪个部门晚点，哪个部门的领导就要辞职。技术部包括技术、试验、计量、质量、资料五个项目，其中质量项目占有四个要素，资料、计量各占一个要素，重头在质量和资料上。经过大家的努力，终于顺利通过了质量认证，项目予以奖励。通过分配，质量和资料获得 400 元钱，技术获得 300 元钱，部门领导获得 300 元钱，试验获得 200 元钱。分配后，质量员不满意，与领导大吵大闹，大家心里都很难受，部门领导又拿出自己的 100 元钱给质量，但遭到拒收。从此，部门中大家心里都心存芥蒂，部门领导的工作一度难以开展。

让下属感到在为自己工作

最有效的激励是让雇员感到是在为自己工作。

下属持股制在美国出现以后，美国政府和国会很快就给予了大力支持，并为此制定了专门的法律来加以鼓励和推广，促进了职工持股计划的发展，使得一些资本家主动把企业转换为下属股份制企业。截至 1987 年底，全美已有 9000 多家企业的 100 多万职工都持有本企业的股份，其中绝大部分企业的经济效益都有了明显的提高。

股份制是美国经济的重要组成部分。

但是，美国在发展股份企业时不墨守成规、因循守旧，而是富有创造性和进取性，下属持股就是美国人对股份企业的再发明，下属持股的股份企业的出现，具有深刻的背景。

下属持股的形式多种多样。其中一种就是企业的全体下属买下本企业的全部股票，拥有企业全部股权，共同成为企业的所有者来参与企业的经营、管理和利润分配。

从它的基本特征来看，它带有典型的合作经济之性质，因而有人将它称为"资本主义集体所有制"。

路易斯·凯尔索受《共产党宣言》的启发，在21世纪初提出的"小额股票"、"大众持股"的基础上，进一步阐发了"二元经济学"理论，其基本思想是：人们可以通过付出劳动和付出资本两个方面来获得收入。

这是人的两种基本权利。但是，原有的旧制度将资本的收入归属于少数人极不公平，因此必须改革旧制度。新制度要保障劳动力资源的广泛利用和资本资源的广泛占有，从而创造公平的机会。

新制度的核心就是使那些没钱购买生产性资产的劳动者通过持股达到拥有资本的目的。

具体做法是：首先，企业直接将股票交给下属持股计划委员会，委员会为每个职工建立账户，职工由此分得的红利逐年偿还股票价值，全部偿还以后，股票就属于职工个人了。其次，成立下属持股计划信托基金组织，该组织向银行贷款购买企业股票，购买的股票由该组织保管，随着贷款的偿还，再按事先约定的比例逐步将股票转入职工账户，贷款全部偿清后，下属则可以得到红利。

20世纪50年代中期，凯尔索将其计划付诸运作，首次成功地将一家股份企业72％的股权，在8年时间内完成了向职工的转移。这一成功的举措，赢得了美国各界广泛的赞扬和支持。

1975年，美国的民意测验专家哈特经过调查发现，美国人有66％赞成"下属拥有企业大部分的股份"。

1978年，哈里斯的民意测验也表明，美国的职员中有64％的人觉得如果让"所有下属平均分享企业的利润"，那么他们的劳动生产率会更高。

截止到 1991 年底止，美国的下属持股企业已发展到 1.5 万个，参与下属持股工程的下属达 1200 万，占美国劳动者的 10%，下属持股拥有的资产约为 1000 亿美元。

下属股份制之所在美国如此受宠，主要是下属股份制依据的理论假设：当人们为自己劳动时，他们就会更好地工作；而下属为自己劳动的关键是在法律和经济两重意义上拥有所在企业的财产。因此，企业财产关系内部化，全体下属拥有企业的产权会产生更高的效率。

不可否认，美国官方在推进下属股份制方面起了很大的推动和促进作用。下属股份制出现以后，美国政府和国会很快就给予了大力支持，并为此制定了专门的法律来加以鼓励和推广。

其中，影响较大的有 20 世纪 70 年代中期通过的《雇员占有企业股份财产计划》、1974 年国会通过的《就业退休收入保障法》、1975 年的《减税法》、1981 年的《经济恢复所得税法》和 1984 年的《税收改革法》等。

它们都是以法律的形式，提倡和鼓励社会各界向下属股份制企业的委托机构捐款，规定捐款收入全部免税；同时还规定，银行向下属股份制企业贷款，其 50% 的利息收入免交所得税；下属股份制企业的股份在分红时可免交企业税等。自 1991 年以来，执政者也积极推行减免税政策，支持下属持股计划的发展。

目前，美国已颁布 25 个联邦法来鼓励下属持股，50 个州中也有一半颁布了鼓励职工持股的立法。美国人有 1/5 在玩股票，约 1.3 亿人间接参与股市活动。

下属持股制大大提高了美国企业的经济效益，促进了生产力的发展。同时，也为股份制注入了新的生机和活力，使世界经济产生了强烈的震荡。

肯定下属的工作

领导的赞扬可以满足下属的荣誉感和成就感，使其在精神上受到鼓励。

常言道：重赏之下必有勇夫。这是物质的低层次的激励下属的方法。物质激励具有很大的局限性，比如在机关或政府，奖金都不是随意发放的。下属的很多优点和长处也不适合用物质奖励。

相比之下，领导的赞扬不仅不需要冒多少风险，也不需多少本钱或代价，就能很容易地满足一个人的荣誉感和成就感。

领导的赞扬可以使下属认识到自己在群体中的位置和价值，在领导心中的形象。

在很多企业，下属的工资和收入都是相对稳定的，人们不必在这方面费很多心思，人们都很在乎自己在领导心目中的形象，对领导对自己的看法和领导的一言一行都非常敏感。领导的表扬往往具有权威性，是下属确立自己在本单位的价值和位置的依据。

下属很认真地完成了一项任务或做出了一些成绩，虽然他表面上似乎毫不在意，心里却默默地期待着领导来一番称心如意的嘉奖，领导一旦没有关注或不给予公开地表示，他必然会产生一种挫折感，对领导也产生看法，"反正领导也看不见，干好干坏一个样"。

这样的领导怎能调动起大家的积极性呢？领导赞扬下属，还能够消除下属对领导的疑虑与隔阂，密切两者关系，有利于上下团结。

有些下属长期受领导的忽视，领导不批评他也不表扬他，时间长了，下属心里肯定会嘀咕：领导怎么从不表扬我，是对我有偏见还是妒忌我的成就？于是同领导相处不冷不热，保持远距离，没有什么友谊和感情可言，最终形成隔阂。

领导的赞扬不仅表明了领导对下属的肯定和赏识，还表明领导很关注下属的事情，对他的一言一行都很关心。有人受到赞美后常常高兴地对朋友讲："瞧我们的头儿既关心我又赏识我，我做的那件事儿，连自己都觉得没什么了不起，却被他大大夸奖了一番，跟着他干气儿顺。"

每一个人都希望得到赞扬，尤其是对于虚荣心强的人，赞扬更是多多益善。当你的下属做出了成绩时，千万别忘了赞扬他一番。这会使他感到领导者特别关注自己，感到自我价值能得到实现。同时，这也有利于下属进一步提高工作积极性，有助于他做出更大的成绩，同时对其他下属也是个鞭策和激励。假若你这样去做了，你完全可以相信，受到赞扬的人会全力以赴把自己的工作做好。或许有些领导会这样想，赞扬或表扬一个人，他很有可能会因此而翘尾巴，进而对工作有所懈怠，这种想法是完全错误的。

作为一个企业的领导，肯定和表扬你下属的成绩，要想收到好的效果，也有某些小讲究。譬如肯定成绩要讲究及时性，不能在职工做出成绩很长一段时间后，人们几乎淡忘的时候才又去提起鼓励一番，这就失去了表扬的意义，甚至会使人心灰意冷。表扬一个人也要根据成绩的大小，讲究一定的方法。小到一个肯定的眼神，一个友好的手势，或者用适当力量拍一下下属的肩膀。对于成绩特别突出，影响较大的，要及时总结，表彰奖励。对于那些做出了重大的成绩，表现突出的下属，要考虑趁其才华横溢之时提拔一番，防止其"才情薄暮"，以致贻误时机。这种及时任用、表彰，是对下属工作成绩的最大肯定，对企业、对下属个人的发展会产生重大和深远的影响。

为下属编织一个美丽的梦

团体中的领导者，必须能确实掌握大家的期待，并且把期待变成一个具体的目标。

大多数的人并不清楚自己的期待是什么。在这种情况之下，能够清楚地把大家的期待具体地表现出来，就是对团体最具有影响力的人。

在企业的管理环节之中，光是把同伴所追求的事予以具体化并不够，还必须充分了解管理者的立场，确实地掌握客观情势的需求并予以具体化。综合以上两项具体意识，清楚地表示管理者必须达成的目标，这样才能在团体之中取得领导权。在进攻意大利之前，拿破仑还不忘鼓舞全军的士气："我将带领大家到世界上最肥美的平原去，那儿有名誉、光荣、珍宝在等着大家。"

拿破仑很正确地抓住士兵们的期待，并将之具体地展现在他们的面前，以美丽的梦想来鼓舞他们。

如果是以强权或权威来压制一个人，这个人做起事来就失去了真正的动机。抓住人的期待并予以具体化，为了要实现这个具体化的期待而努力，这就是赋予动机。

具体化期待能够赋予动机的理由，就在于它是个能够实现的目标。例如，盖房子的时候，如果没有建筑师的具体规划就无法完成。建筑师把自己的想法具体地表现在蓝图上，再依照蓝图完成建筑。

同样的道理，管理者在行动时也必须有行动的蓝图，也就是精密的具体理想或目标。如果这个具体的理想或目标规划的生动鲜明而详细的话，下属就会毫无疑惑地追随。如果领导者不能为下属规划出具体的理想或目标，下属就会因迷惑而自乱阵脚，丧失斗志。

善于带领团体的人，能够将大家所期待的未来远景，着上鲜丽的色彩。而且这远景经过润饰后，就不再是件微不足道的小事，而变成了一个远大的理想和目标。

或许你会认为理想愈远大就愈不容易实现，也愈不容易吸引大家付诸行动，其实不然。理想、目标愈微不足道，就越不能吸引众人的高昂斗志。

这一方面，领导者如何带领下属就很重要。没有魅力的领导者，因为唯恐不能实现，所以不能展示出令下属心动的远景。因此，下属跟着这样的领导者，必然不会抱有梦想，工作场所也像一片沙漠，大家都没有高昂的斗志，就算是微不足道的理想也无法实现。

当然，即使是伟大的远景，如果没有清楚地规划出实现过程，亦无法使大家产生信心。因此，规划出一个远景的同时，还必须规划出达成远景的过程。

给个"大梁"让他挑

要做大企业，不能没有几个挺天立地的核心人物，必须让下属产生"挑大梁"的欲望，为企业贡献才智。

作为领导，仅仅了解职员的内心愿望还不够，不要以为多发奖金，多说好话就能调动下属的积极性。人是很复杂的，要让他们为你卖命工作，需要你施展更细微的手段。

有几个方法可以让下属的需求获得充分满足，同时又能激发他们有"挑大梁"的热情和干劲，并以此来提高工作效率。

1. 向他们描绘远景

领导要让下属了解工作计划的全貌及看到他们自己努力的成果，下属愈了解企业目标，对企业的向心力愈高，也会更愿意充实自己，以配合企业的发展需要。

所以领导者要弄清楚自己在讲什么，不要把事实和意见混淆。

下属非常希望你和他们所服务的企业都是开放、诚实的，能不断提供给他们与工作有关的企业重大信息。

若未充分告知，下属会对企业没有归属感，能混就混，不然就老是想换个新的工作环境。

如果能获得充分告知，下属不必浪费时间、精力去打听小道消息，也能专心投入工作。

2. 授予他们权力

授权不仅仅是封官任命，领导在向下属分派工作时，也要授予他们权力，否则就不算授权，所以，要帮被授权者清除心理障碍，让他们觉得自己是在"独挑大梁"，肩负着一项完整的职责。

方法之一是让所有的相关人士知道被授权者的权责；另一个要点是，一旦授权之后，就不再干涉。

3. 给他们好的评价

有些下属总是会抱怨说，领导只有在下属出错的时候，才会注意到他们的存在。身为领导的你，最好尽量给予下属正面的回馈，就是公开赞美你的下属，至于负面批评可以私下再提出。

4. 听他们诉苦

不要打断下属的汇报，不要急于下结论，不要随便诊断，除非对方要求，否则不要随便提供建议，以免流于"瞎指挥"。

就算下属真的来找你商量工作，你的职责应该是协助下属发掘他的问题。所以，你只要提供信息和情绪上的支持，并避免说出类似"你一向都做得不错，不要搞砸了"之类的话。

5. 奖励他们的成就

认可下属的努力和成就，不但可以提高工作效率和士气，同时也可以有效建立其信心、提高忠诚度，并激励下属接受更大的挑战。

6. 提供必要的训练

支持下属参加职业培训，如参加学习班，或企业付费的各种研讨会等，不但可提升下属士气，也可提供其必要的训练。教育训练会有助于减轻无聊情绪，降低工作压力，提高下属的创造力。

利用一下好胜心理

每个人都有自尊心，都有被尊重的欲望。运用这种心理，可以充分调动下级积极性，在竞争中展示自己的价值。

有个炼钢车间，任务总是完成不好，厂长为了让工人更好地完成任务，便下到该车间与工人一起加班，有厂长在，工作效率自然比平时要高。临下班时，厂长问一当班的工人，"我们今天炼了几炉？""6炉。"工人回答道。于是厂长要了支粉笔，在车间的地面上写了一个大大的6字。夜班工人接班后，见这个6字便问怎么回事，日班工人不无自豪地说，"这是我们今天的工作成绩，是厂长替我们写的。"夜班工人听后非常不服气，憋足劲非要超过白班工人不可。第二天，白班工人接班时，见地上写了个大大的7字。白班工人也激起了比赛浪潮，到下班时，郑重地写下了一个特大的10字。炼钢车间的任务在工人的自觉的竞争中顺利完成了。

利用自尊、好胜心理，激发竞争意识，调动其积极性，比说教、劝解效果要好得多。

无独有偶，一位美国领导采用另外的激励办法，给予下属一种荣誉，从而发挥了下属的积极性。

美国一家纺织厂原来准备给工人买一些价格较高的新椅，放在工作台上休息用。这本是件普普通通的福利设施，但领导一动脑筋，竟变成了激励机制。工厂规定：如果任何人超过了每小时的工作定额，则在一个月内赢得椅子。颁发椅子的方式也很特别，工厂领导将椅子拿到办公室，请获奖的工人坐在椅子上，然后，在大家的掌声中，领导将他推回车间。这种"僧多粥少"的椅子，便成为工人竞争的目标。保住它和抢到它都是一种荣誉的象征。

各种激励的办法很多，但总起来说其实就是两种：一种金钱，另一种是荣誉，当然荣誉的狭隘定义就是虚荣心。金钱是一种刺激性的，略带有一种强迫性，而荣誉的作用是在精神上，更容易发挥人的主观能动性。

当然，荣誉激励法的成败还是要看客观的小环境和大环境。当人的物质欲望远远大于精神需求时，荣誉的作用变得非常渺小。然而在艰苦年代，精神力量仍然发挥着重要的作用，那是因为，大环境中没有多少贫富差距。

因此，利用荣誉激励法首先要保证在具备大环境的基础上，人们相对处于一个比较安全的心理状态（科学家将人类需求由低到高分为生存、安全、价值三种需求）下，荣誉的作用才会凸现出来。

生于忧患

日本三泽之家企业总领导三泽千代经常讲起一个关于鲇鱼的故事。据说渔民在挪威捕捞沙丁鱼时，总是将捞到的沙丁鱼放在船上的鱼槽里驶回渔港。如果能将活的沙丁鱼带回去，就可以高价出售，所以渔民总是想方设法，让它们活着回到渔港。可是其努力总是失败，沙丁鱼在途中多半死掉；然而，其中一艘船总是能让沙丁鱼活着回去，该船船长将这作为一个秘密不让其他渔民参观船上的鱼槽。后来人们发现其鱼槽里放入了一条鲇鱼，这里面的秘密就是鲇鱼进入鱼槽后，沙丁鱼发现这个陌生的家伙，非常紧张，觉得新鲜，左冲右突，于是一直保持活蹦乱跳的状态。沙丁鱼是由于受到激励，保持了生机勃勃。

俗话说，气可鼓不可泄。企业间的竞争有多种形式：产品竞争、经营方式竞争、技术竞争等等，但归根结底是人才竞争，而人才竞争的关键是人才的精神状态、职工情绪的竞争。激励，则是士气的强心剂，是鼓舞高昂士气的良方妙药。影响一个人积极性的因素是很复杂的，由于每个人的性格、脾气、志愿、爱好、觉悟、气质、情境和所处的环境等的不同，对外部世界的反应也不相同，因而激励人的积极性是一项极为复杂而细致的工作。要想做好人的工作，首先要分析研究人的行为模式，即是什么支配人的行为，如何诱导人的行为向积极的方面发展，以促使每个人都产生积极的行动。具体说来就是，由于人们的需要未得到满足，从而激发了动机，导致了行为，需要得到满足后又产生了新的需要，这样周而复始，循环无穷。

在美国的麦考密克企业的发展史上，曾出现过濒临倒闭的经济危机。企业创始人 W·麦考密克是个性格豪放、江湖气十足的经营者，但他的思想观念和工作方法逐渐落后于时代，企业搞得十分不景气，陷入了裁员减薪的困境。正在这时，他得病暴死，企业经理一职由他的外甥 C·麦考密克继任。新领导一上任即向全体职工宣布了一项同他的前任截然相反的措施："自本月起，薪水增加100%，工作时间适当缩短。本企业生死存亡的重任落在诸位肩上，我希望大家同舟共济，协力渡过难关。"原来要减薪一倍，如今反而提薪一成，劳动时间还要缩短，职工们顿时听呆了，几乎不相信自己的耳朵。后来，面面相觑的职工，转而对 C·麦考密克的新政表示由衷感谢，全公司士气大振，上下一致，一年内就扭亏为盈。麦考密克企业激发职工的危机感，带领大家背水一战，是激励；加薪，振奋职工精神，使其得到温暖和鼓舞，也是激励。反弹琵琶

一些企业的经营者及管理者几乎一致认为，目前年轻一辈的职员多半丧失了雄心和斗志。

换句话说，职员虽然有能力做好工作，却不愿去做。

其实，就人的心理而言，每个人都无不希望追求自己的安定感，不愿让自己的前途每况愈下。所以，身为领导者正可利用人的此种心理，对他们采取一些强硬的治疗手段，那就是，降低他们工作的标准，予以降级。

当然，一般人被降级，心理上必会产生强烈的不满和屈辱之感。然而，此种不满同时也能唤醒沉睡中的向上心，亦即形成所谓的"心理补偿作用"，此种作用大多能成为奋发向上的动力。换句话说，如果让下属从事低于自己能力的工作，对方便会殷切地希望恢复自己原本能力所及的工作。如此一来，向上之心油然而生。而在恢复原本职位、工作的同时，并可形成积极学习的态度。

我们先将此种心理运用在体育运动方面。例如贬低选手，便可发现效果。以职业棒球而言，对于球队获胜起重大作用的球员，也许在一开始的重要比赛中成绩并不理想。此时，教练可予以严厉斥责："以后尽管投直线球吧！"而让他不断练习投其他球，甚至派他去练习打击。由于他所投出的是直线球，所以一再被对方击出好球，这对投球者而言，实在是莫大的耻辱。因为被贬，而使他尝到屈辱的滋味，此时，反而使他燃起不甘认输的斗志，最后终能发奋图强，成为一流的明星球员。

这种情形就像一个自认为无法跳过一道渠沟的人，若能够退后几步，再冲刺向前跨越，便能够越过一般，心理学上称此为"助跑效果"。利用下属这种心理来引发他们对学习的兴趣，可说正是身为领导者责无旁贷的事。

必须运用的管理诀窍

公司老板的管理诀窍有两点：一减少冗员；二增添人才。这种"加减原则"是不容置疑的。应当这样看：

（1）许多目前不足以担当大任的人被提升了。经常有人认为，一个人如果不能晋升，他就会离开公司。还有些人进了公司，却坐上他们无法胜任的位子。

（2）公司老板不免要产生一种心态："我们不敢对员工要求太高，因为他们不好应付。如果我们要求太多，他们便会挂冠求去，到时候，我们还得花时间与金钱去找人来替补，找来的人未必就比较好。就长远来看，我们还会有损失的，倒不如保持现状比较好。"

有时候，做得不够或应该做的做不理想，并不是个人问题。公司老板可能实施了值得怀疑的方案，同是雇用了多余的人手。或者，他雇用人来做自己分内工作较单调部分，而让自己有时间去做喜欢做的事，而他也自认为这样做比较适合。

问题是公司为什么允许这种做法呢？

有个观念导致公司麻木不仁，那就是"好人难寻，他毕竟熟悉自己的工作，因此，如果我们想留住他，最好还是容忍他有点过分的行为"。

另外，可能是因为业绩良好，没有人会留意到这个人在做什么，因为他们忙其他事情，更糟的情形是，他们一点都不在乎。

还有一种可能性，就是有一些公司老板了解上述情况，而且他们也明白自己处于"求过于供"的市场。

他们发现：不要花心思在艰巨的管理任务上面，他们会过得比较愉快些。

最好的情形就是公司老板全神贯注于自己的事业，同时也理解，自己会很快爬到更高的职位。因此最好不要出什么错误，例如把公司的人事搞得一团糟，玷污了过去的表现。

另一种内部的散漫也助长了人事的臃肿。高阶层公司老板普遍都重视这个概念，但是整个庞大而复杂公司的各级员工，却往往忽略了或不能体会其重要性。

许多人觉得公司的损益状况，对于他们来说太遥远了，并且不想为它多费心思。

在业务状况长期良好，或尽管公司已察觉到效率欠佳、损益状况却仍然一年比一年好时，一般人更容易有些想法。但是，员工和公司损益之间的关系，是分不开的。如果这种关系被忽略了，人事臃肿问题的滋生，便只是时间的早晚而已。

很多公司的计划都以活动而非以目标为导向。制定活动计划要比在预定的时间内确立特定目标，容易多了，例如，公司应当实施一个有明确目标的促销活动，而不是应当做一个例行公事的促销活动。不幸的是，活动会耗尽一个组织的活力，却毫无收获。

公司如何避免暗中滋生的人事臃肿呢？

（1）是要正确认识人员泛滥的情形，找出真实的原因。

（2）公司老板人必须体会到，目前正是采取行动的大好时机。公司必须裁汰冗员，才能吸引住更好的人才。现在就是清理门户的好机会，好的人才不会愤而求去，特别是公司的做法合情合理时。

"每个人都这样做"的陷阱很危险的，以下的观念是一个很好的例子。

很多人认为，要吸引优秀的人才到公司来，需要为他们描绘一幅令人兴奋的蓝图，而蓝图其实是不存在的。

他们也认为：所有的人都极关心办公室的装饰，包括他们坐在哪里，职务是什么，头衔如何称呼。

事实上，很多人是如此，但也有很多人不是这样的。仍然有很多人希望他们有机会发挥潜力，希望有机会自我成长，同是想要以优良的表现来获得很高的报酬。如果报酬很好，而他们又理解到自己在公司稳固地位，便不至于稍受诱惑主动离开公司。

这些人忠于公司，是公司真正的人才。

尽管良才难求，公司还是要检讨一下"为未来储备人才"这个观念。富有潜力的员工被储备起来，如果对他们没有挑战性的要求，他们就不能获得足够的成就感。而且，太多的日子耗在无聊的琐事上，也会让他们感到失望，甚至绝望。

良好的公司经营哲学，不只是经营好公司的外在形象，而且应当安顿好内部的环境。此一哲学应该反映一个信念，就是组织内的每一个人都应该为公司的利润尽一份责任，同时也应建立一套如何让员工分担责任的制度。

已经解除人事"臃肿"困境的公司，必须防止此类事情再度发生。公司对此保持警觉，是明智之举，因为公司经营良好时，谁也没有时间去研究人事"臃肿"的问题，甚至以人事臃肿为荣。

风水总是轮流转的。公司会有风光的时候，也会有面临挑战的时刻。能够利用现有机会的公司，不管时机的好坏，都能够获得足够的竞争优势。

那么到底要怎么裁、裁多少、标准在哪里？

事实上并无定论，这要视各公司所定的"最适合规模"的基准而定。

通常公司会以大事成本、营业额、用人配置以及人力素质的角度来进行裁减计划。

获得管理效率的方法

下面我们将在前面的基础上，谈一谈获得管理效益的三个主要方面：

哈佛商学院教授巴特利特和伦敦商学院教授柯夏在《哈佛商业评论》杂志 1994 年 9 ～ 10 月号发表了题为《改变老板的作用》的文章，共同提出最新的管理趋势：不再依赖战略，不再迷信架构，成功公司老板不再只是一个全能战略家。他们突破管理迷阵，建立公司目标，创造出让员工引以为自豪的组织，重新改写了管理的意义。

公司战略制定完成之后，才有公司架构。而公司系统则支持公司架构。这两句箴言深入西方公司思想，至今没有能胜过的。它们不仅影响了现在大型公司的模式，更决定了高层老板扮演的角色。然而，这两句箴言以及它们所衍生的管理教条都不再适宜，它们为资深公司老板所规定的工作也已经不再适当。现在，大型公司的资深公司老板必须超越战略、架构和系统的境界，进一步建立以目标、流程和人为基础的体系。

1. 深植公司雄心

传统上，高层公司老板一直试图通过战略分析的逻辑说服力，得到员工理智的承诺。但是，客观冷静制定的战略，员工和公司间的合约关系，无法激发员工额外的付出和持久不懈的承诺，而只有具备这一切组织才能创造出稳定优异的成绩。仅从这一点来看，公司需要真心关心员工，而员工和公司也应该有深厚的感情。在我们研究的成功公司中，高层公司老板用下面三个方式深植公司雄心。

①吸引员工的注意力和兴趣

想要为公司下一个定义并让员工觉得公司目标对个人富有意义并不容易。大多数这类的叙述都太模糊，对部分公司老板用处不大，它们也往往和现实脱节，甚至失去可信度。

美国电报电话公司（AT&T）总裁鲍伯·艾伦发现，该公司过去想法和做法都像是受保护的公用事业，现在，AT&T 必须改变，而且是在行业动荡不安时进行改变。公司的规划部门为关键性的战略任务提出一个定义，也就是在现有的网络上承载更多的量，并且开发新产品，符合新兴信息事业的需求。但是艾伦决定不用这样理性和分析性的名词来谈公司的目标。他也不曾选择以竞争态势为重点的战略意图，例如，对北方电讯侵犯 AT&T 家用市场进行反攻。艾伦选择非常人性化的名词，他说："公司致力于让人类欢聚一堂，让他们很容易互相联系，让他们很容易接触到需要的信息——随时、随地。"这个陈述表达了 AT&T 的目标。但他用的都是非常简单而个人化的语言，使人人都能理解。重要的是，员工能对这样的任务产生共鸣并深感骄傲。

②让全体组织参与

树立公司雄心，不过是建立组织承诺的试金石，公司雄心必须相当具有包容力，才能诱导组织全体人员参与，让公司雄心体现在日常工作之中。实际上，就是善于利用早已存在于组织内部的知识和专业技能。

英特尔公司总裁葛洛夫谈到激发组织讨论和辩论的重要性时说："我们必须让管理高层的战略焦点变得更柔和，才能在组织内部制造出更多的可能性。"对于很多高层公司老板来说，让战略焦点更柔和并非易事。他们担心组织会把这样的方式解释成战略模糊不清，甚至解释为管理高层犹豫不定，但是，当资深公司老板了解到，他们不是因为战略方向而放弃职责，而是在改善战略制定的品质，并增加战略成功的概率，这些顾虑就会消失了。

③创造动力

高层公司老板的第三大挑战是让组织上下都愿意为公司目标奉献己力，并让这样的努力持久不懈。每个人都必须相信，明确的公司雄心是正当可行的，它不是公关惯用的华丽辞藻，也不是鼓舞士气的夸大宣传。如果资深公司老板能对定义恰当的目标付出具体的承诺，就能证实这样的信息。

康宁公司总裁哈夫顿展现了他对自己信念的认真程度，他委派公司最能干、最受尊敬的资深公司老板负责康宁公司的品质管理。而且尽管经历一次严重的财务紧缩，哈夫顿还是拨出 500 万美元，创立了一个新的品质管理学院，负责康宁公司大规模的教育和组织发展计划。他还答应将每个员工的训练时间提高到占工作时间的 5%。康宁公司的品质管理计划很快就达到了哈夫顿的目标。正如一位高层公司老板所说，"它不只改善了品质，更为员工带回了自尊和自信。"

多数公司都把重点放在财务成果之上。战略目标要让公司成为行业中数一数二的老板，并使公司达到营业额增加 15% 的预定目标。如果公司老板对这些数量化的目标难以完成，管理高层通常会用更难以抗拒的方式来实现这些目标。例如，用某种危机来刺激员工——无论是真实的还是捏造的。

2. 凝聚组织价值

在更多的时候，老板只是不断详细解释这些目标，得到大家认可，并且希望员工理解之后进一步接受。如果大家为了实现公司目标要付出额外的努力，他们必须能够认同这些目标。认同、沟通、塑造组织价值比清楚说明战略远景更为困难，因为前者不太依靠分析和逻辑，却更加需要情感和直觉。

大胆表达自己主张的公司，通常会吸引认同公司价值的员工，而对于具体实现这些价值的公司，这些员工也会付出更深的承诺。ABD 集团副总裁林道说，"老板不是对某个老板效忠，甚至也不是对公司效忠，而是对他们相信的一套价值效忠。"

以英国为根据地的化妆品零售商美体小铺，最能展现员工信念和公司之间连成一线的强大力量。创办人安尼塔·罗迪克创造出一种组织价值，吸引了一群员工和一些追随的顾客，他们都认同这个组织对环保许下的承诺，也都认同公司的信念。相信公司可以成为社会变革的动因。罗迪克描述她自己的方式时说，"大多数公司都把时间放在利润之上，我觉得这简直无聊之极。我要创造一股电流和热情，让大家紧紧贴近公司。特别是年轻人，你必须找出一些方法来抓住他们的想象力。你要让他们感觉到，他们在做一些很重要的事情。"

3.赋予员工工作意义

每个身为组织一分子的员工，都会得到个人的成就感，也会由此体会到最基本的归属感。为了让愿意奉献的员工实现自己的价值，一个组织必须把伟大的想法和大胆主动的做法落实到个人层次。资深公司老板必须在公司和每个员工之间建立起一种衔接的环节。环节隐含一种相互承诺的意义，在这种关系之中，雇主不把员工看成一种必须控制的成本，而是把他们看作有待开发的资产。员工不只奉献时间，更奉献出他们的感情，让他们的公司发挥更大的效率和竞争力。简单地说，高层公司老板的目标就是改变两者之间的关系，让员工不再觉得自己是为某家公司工作，而是肯定自己属于这个组织。

在我们研究的公司中，最善于达成这种新关系的公司高层公司老板，都把精力集中在下列三项活动之中：

①肯定个人成就。

公司愈是庞大，员工愈可能会觉得像是机器里的螺丝钉，而不是一个团队的成员。唯有对员工出自真诚的尊敬，发自内心的关怀，资深公司老板才能奠定相互信任的基础。然后，他们可以对公司成长和全体组织成员的发展表现出同样的关心，并在这个基础上继续发展。

②致力开发员工潜力。

高层公司老板必须用更宽广的视野来看待员工的训练发展，并且比过去付出更多的努力。公司不只是训练员工的工作技能，更应该开发员工个人的潜力。

以丹麦为根据地的 ISS 公司总裁安德瑞林认为，他的公司之所以分布于 16 个国家，雇用了 11.4 万员工，原因之一就是他对员工的尊重。

而且他鼓励员工发展，表达他的支持与承诺。安德瑞林相信，训练是将员工转型成为专业人员的关键。除了训练员工的基本工作技能之外，他更进一步，提高员工的向心力，给予员工自信。

③培养个人主动积极的精神。

在少数几家公司中，个人的付出和贡献仍然构成组织流程的基石。3M公司就是其中之一。3M公司自创业起就一直很重视公司内部无穷的创业潜能，管理阶层发展出一种公司文化，肯定个人的主动积极精神是公司成长的动力。而且3M公司也通过政策和工作程序，认定这样的想法，并将它制度化。例如，允许员工把15％的工作时间用在"走私计划"上，而对公司来说，这些"走私计划"必须具有发展潜力。当这些私下创新发展成为大事业之后，公司便会流传很多创业英雄的故事，而这些创业英雄的影响力更是直接而具体。通过3M的组织架构，公司让激励人心的信念生生不息，员工也都相信，个人的努力是重要的，对公司的整体表现也有实际的影响。

高层公司老板建立公司目标时，他们所面临的三大任务是相互依存的。如果公司雄心只是强调公司狭隘的私利，那么最终还是会失去员工的士气、支持和承诺，而只有当公司目标和更为宽广的人类抱负相连时，这些情感才可能浮现。当组织价值变成一味地自私心态时，公司很快就会失去认同感和自豪感。而这些感觉的存在，不仅吸引员工，更会吸引顾客和其他人。当管理阶层对员工想法的尊重和注意力渐渐淡薄之后，员工的动力和承诺也会随之减弱。

目标，而非战略，才是一个组织存在的原因。定义目标，解释目标，必须成为公司老板的重要职责。

多学一点先进的管理

有很多公司的老板都缺乏管理的实战经验，因此一碰到具体问题就头痛。下面我们来分析一下杰尼式管理制胜法：

作为公司老板的榜样——哈罗德·杰尼，有许多值得称道的，那就是他的思路与做法。

哈罗德·杰尼是美国企业管理界最有影响的人物之一。在美国企业界领袖的群星中，他是一颗当之无愧的超级明星。从 1959 年起，杰尼任美国国际电报电话公司（ITT）总裁达 20 年，在杰尼接管 ITT 的时候，公司的业务大部在美国以外。在欧洲，公司的投资比例高，利润却很低；在拉丁美洲，赢利虽高，但政局动荡，当时 ITT 的各个分公司各自为政，总部虚有其名，整个公司无通盘计划，处于得过且过的混乱状态。

在杰尼任期内，ITT 创造了连续 58 个季度利润上增的纪录。十几年来，年复一年，不论是经济不景气的年份，还是经济上升的时期，ITT 的利润每年都以 10% 的增长率上升，一次又一次地震惊了华尔街。营业收入从 1959 年的 7.6 亿美元上升到 1979 年的 220 亿美元，营业利润从 20 年前的 2900 万美元增至 1975 年 7 亿美元。

杰尼高瞻远瞩，不畏风险，气魄宏大，才智超群。他被称为"企业经营的米开朗琪罗"，所有与他共过事的人，有口皆碑，称他是天才，是一个经营公司的大师。杰尼不是一个发明家，不曾发明过微集成电路，没有发现过石油，也没有自己开过公司。他的业绩在于振兴一个经营不善、萎靡不振的电话公司，将它改造成世界上最大、最现代化、最复杂的多元化跨国公司。最难能可贵的是，杰尼经营的多种行业中没有一个是热门的工业，如电脑工业、电视机工业或航天工业。杰尼的管理法吸引了许多美国公司。

杰尼整顿 ITT，先从罗致人才着手。他的办法高明而简单：重金聘请人才，然后委以重任。他付的薪水一般高于本行业基本薪金的 10%以上。如果发现哪一家公司有一个三四十岁聪明干练有工作热情的公司老板人才，杰尼愿意给这个人 15 年后才能望得到的薪金。除丰厚的薪金和年终奖金外，他还让属下的公司老板以优惠的条件购买公司股票，自己则为了避免嫌疑从不认购。杰尼需要这些人的才智、精力和时间。他认为一个公司最愚蠢的，莫过于让罗致到的人才因工资太低而另谋高就。

杰尼大胆使用有才干但没有机会发挥的年轻人。这些人在别的公司绝不可能在这样的年纪被提拔到独当一面的负责岗位上，杰尼给他们大显身手的机会，往往布置给他们几乎不可能完成的任务，推动他们登上他们自己都没有预料到的高度，发挥出自己都意想不到的潜力。杰尼不仅善于罗致人才，更重要的是他造就了一批人才。他让手下的一批公司老板在游泳中学游泳，却又不是放任自流。

杰尼说："权力下放不等放弃权力。我不是放任自流，听之任之，6个月以后听汇报的那些总裁。我必须掌握一切情况。"

杰尼一方面给这些公司老板巨大的自由和责任，另一方面自己也在发掘问题。杰尼不希望下属为一点小事来麻烦他，只要你按计划完成工作，杰尼不管你怎样去完成。可是一旦工作没有按计划进展，你就要小心，你非但要准备好充分的理由，而且得想好解决的方案。杰尼不希望你有困难的时候一声不吭，他希望你及早求援。你干得出色，杰尼从不吝惜金钱和赞誉；你干得糟，很快就会失去他的欢心。选贤举能，论事赏功，一切以成果为重。要完成杰尼给你的挑战，你非得超越自我不可。杰尼的压力迫使有些人辞职，但是杰尼并不担心，他认为只要用他的办法，总是找得到人才的。事实也的确如此，愿意到 ITT 来工作的人总是比辞职者多。

总部科室人员下访是杰尼的一大发明。在每个分公司里，管生产的往往不愿搞新产品，搞工程的又不厌其烦地研制新产品，搞销售的巴不得立即推销产品，管财务的又希望科研开支和营业收入相平衡。这些问题本由各分公司老板决定，但在杰尼看来，每个分公司，等于一个山头，都有本位主义的倾向，分公司公司老板往往只见树木，不见森林。有鉴于此，所以他要派出科室人员作全面的调查研究，然后根据 ITT 的整体利益统筹决定。

杰尼常常说："公司老板就是要经营管理。"ITT 的巨大规模和分布在世界各地的业务，使他感到有必要设计一套制度，借以了解每个营业单位的情况，以统筹全局。为此，他规定每个单位都要制定短期和长期的营业计划，总部参与计划的制定和落实。

每个分公司要向纽约的总部交送年度预算和业务计划，以及每月业务报告。第二年的年度计划在前一年的 2、3 月里就由各分公司制订了，然后交总部审批。在前一年的最后一季度确定下来，作为衡量翌年业务绩效的标准。ITT 的 250 个分公司的公司老板必须在计划中详细预测第二年的营业额、利润、资金需要量、存货量，分析竞争厂家的强弱，预测一年以后的业务发展，订出目标以及实现目标的步骤。如进行什么科研项目，开发哪几种新产品，如何降低成本，购置什么新设备等。每个单位的公司老板差不多先在纸上把第二年的营业作了一番演习。

杰尼认为每年第一季度的预算最重要。如果第一季度的营业计划不能完成的话，全年计划的实现则岌岌可危。第一季度顺利完成计划能带动第二、三季度，第四季度可能一蹴而就。

每年 3 月，总部的老板和分公司业务老板在纽约开会讨论年度计划。总部老板根据科室人员独立掌握的情况判断分公司年度计划是否可行，预测是否能现实，采取的步骤是否恰当。

每月一次的审阅报告的会议由杰尼亲自主持，与会者逐一讨论每份报告。来自各个分公司的常务董事围着一张巨大的椭圆形会议桌就座，每人面前有扩音器，桌前有投影仪。各分公司的常务董事必须准备回答杰尼的任何问题。由于杰尼像作汇报的人一样熟悉情况，回答好杰尼的提问的唯一办法是对自己的业务了如指掌。因怀疑杰尼不会读每页报告而抱着侥幸的心理赴会，不啻是自欺欺人。杰尼每天晚上要带一两份月度报告回家，在周末还要带上沉甸甸的公文包回家，度假期间则把所有没有来得及审阅的报告一股脑儿地看完。公司老板碰头会上杰尼根据自己作的笔记发问：为什么你们公司的销售量下降了？你对找出来的原因把握有多大？打算采取什么措施？如何对付竞争？你需要帮助吗？来自世界各地的 ITT 公司老板畅所欲言，不仅讨论自己单位的问题，也讨论兄弟单位的问题；这种群策群力、集思广益的群英会产生的对策，往往是大家会前根本没有想到的高明方案。解决一个公司面临的问题，常常有举一反三的效果，因此这种会议既像医院的会诊，又像集体治疗。

每次开会总是从上午 10 时开到晚上 10 时，甚至午夜以后。通过讨论和交流，大家对世界经济形势、市场、贸易、国际法，以及经营管理之道有了更深的认识。久而久之，不但提高了找到问题症结的效率，解决问题的速度也加快了，并且，还涌现了会议议程上没有的新主意、新产品、新方法、新领域、新公司。

杰尼认为，直接与第一线上的公司人员讨论的好处，远远超过单单阅读某方面的报告或电话谈话。面谈时对方的表情、声调、一举一动，都可以加深你对他的报告的了解，对方的气质、性格、才干，乃至偏见，通过月复一月的接触，你都可以掌握。

杰尼愿意用超过市价的价钱并购合适的对象，他付给这些公司原任的老板以优厚的薪金，所以很少有人不愿 ITT 接收。杰尼认为虽然多花了一些代价购置这些公司，但比起今后这些公司创造的利润，并算不了什么。一个公司的历史固然重要，但是判断一个公司的价值最重要的不是它的历史，而是你本人，你的公司老板班子，你的经营计划能在收购这家公司以后，为它的发展做什么贡献。收购价是你为这家公司的历史付出的一定的代价。然而，将来的利润来自你和 ITT 创造的新价值，如果收购对象正在鼎盛时期，利润极高，你重金收购过来之后，不是没有什么可以贡献的吗？收购以后，杰尼让原来的公司老板人员多数留任，把 ITT 的那一套系统的管理法——详细的预算，严格的金融控制，定期公司老板会等用在新公司上。杰尼将所有利润率不到 8％ 的产品统统砍掉，新公司和 ITT 的原公司互相配合，集中管理生产、销售、科研，充分发挥凝聚在一起的人力、财力、物力的协同作用，共同扩展 ITT 的市场。

一旦你完成任务，杰尼一定大加称赞，而且总是说到你的心坎上；如果你认为自己是因为聪明才完成任务的，杰尼一定会赞扬你的才智；如果你觉得是苦干才成功的，杰尼一定会表扬你的刻苦敬业精神。杰尼踢你一脚，拍你一下的做法，有一种不可抗拒的力量，激发你不断超越自己。

每年有两个星期，ITT 各分公司的 400 多名管理者及其家属，在佛罗里达州的一个公司疗养胜地度假。公司对一切招待的细节都做了精心布置。从派车到机场迎接，直到餐后的游戏，均做了无微不至的准备，一切费用自然由公司负责。杰尼亲自招待，即使在几小时以前还受他呵责的管理者，此刻杰尼已在给他的妻子殷勤斟酒了，许多 ITT 的管理者出身寒微，这种排场的招待，使他们受宠若惊。

杰尼认为一个公司在罗致人才后，最重要的因素就是工作环境。第一把手老板的作风决定整个公司的风气，为了创造一个心情舒畅、欣欣向荣的气氛，杰尼大力鼓励公开、自由、诚实的交流。杰尼欢迎批评，没有人会因意见相左而遭到报复。杰尼相信只有开诚布公，才能激励大家发挥创造力，有困难时才会主动求助而不必担心失面子。他绝不容忍部下玩弄任何形式的政治手段。

杰尼说："作为一个老板，激发部下干出成绩的最好方法在于平时用一言一行使他们相信你全心全意地支持他们。"他手下有一批才华卓著的人物。杰尼培养了他们，影响了他们的一生。到杰尼退休时，曾经担任过 ITT 的公司老板，但以后到其他公司担任要职的美国公司界领袖已有 130 人。

杰尼出身平平，小时候当过别人的跑街，做过会计，半工半读了 8 年才挣得大学文凭。他并没有比别人更优越的条件来成就日后的业绩。在这个意义上，杰尼是千万有进取心的普通人的楷模，更是人们的崇拜典范。

事业的发展在于如何留住人才

"事业在人"，这句话是千真万确的。任何经营只有在有了称职的人才之后才能发展下去，无论具有怎样优秀历史和传统的公司，如果没有正确继承其传统的人，也将会逐渐衰败。经营的组织、手段固然重要，但掌握并使之发生效力的仍旧是人，不管创造了多么完善的组织，引进了多么新的技术，如果没有使之发生效力的人，也就无从取得成果，也就不能完成其公司使命。可以说，公司能否既对社会做出贡献，又使本身昌盛地发展，其关键在于人。

就事业经营而言，最重要的首先是寻求人才，培育人才。

还在公司规模很小的时候，松下幸之助就常常对职工们说："如果有人问：'你们那是做什么的？'就请你们回答：'松下电器公司是培育人才的。我们公司生产电器产品，但生产产品之前，首先培育出人才。'"生产优质产品是公司的使命，为此必须培育出与之相适应的人才，有了人才自然就能生产出优质产品。松下幸之助在当时富于年轻人的志气，就用上面那些话表达了这个意思。至于怎么说都无关紧要，但这种思想一直贯穿在他的经营之中。

那么，怎样培育人才呢？恐怕这是要具体问题具体分析的，但最为重要的观点就是说，一定要明确"公司为什么存在？怎样从事经营？"这一问题，换言之，作为公司应该具有正确的经营观念和使命观。

如果公司的基本思想和方针是明确的，那么，经营者和管理监督者就能够据此施行强有力的管理，而且每个人也都能根据这一基本思想和方针的话，经营者或管理监督者对部下就会缺乏一贯性，很可能被每时每刻的情势变化或个人感情所左右，不易于培育人才。因此，如果经营者想得到人才，其先决条件就是应该具有坚定的使命观和经营观念。

其次，要经常地将经营观念和使命观灌输、渗透给职工。假如经营观念只是写在纸上的文章，那是一文不值的，它要成为每个人的血肉，才能发挥作用。因此，必须借助一切机会反反复复地把公司的经营观念和使命观灌输给职工。

再者，这并不意味着经营者单纯地讲解观念，而是在实际的日常工作中去说那些该说的话，纠正那些应该纠正的事情。从个人的人情角度来说，不应过多地提醒别人、申斥别人，倘若有可能就应尽量避免这类事。可是，公司是以对社会做贡献为使命的公有物，在公司里的工作也就是公事。公司不是私有物，公司的工作也不是私事。所以，从公的立场出发，对不能置之不理的，不能允许的事情，应该说的必须说，应该申斥的必须申斥，这不是根据个人的感情来做的，而是站在使命观的高度上的提醒和申斥。由于这种严格的管理，被申斥的人开始觉悟并成长了。不用说，假如不申斥的话，对部下来说是满意的，对经营者、对上级来说也是安逸的。然而，我们一定要铭记，这种苟且偷安的方法是绝不会培育出人才的。

与此同时，还有重要的一点，就是要敢于大胆地分派工作，并让担任了工作的人能够在自己的责任和权限范围之内自主地进行工作。所谓培育人才，归根结底就是要培育出懂经营的人，培育出能够用经营意识去从事任何一项细小工作的人。为了培育出这样的人才，不能什么事都左一道命令，右一道命令，否则只会培育出一些唯命是从的人来。由于敢于大胆地分派工作，所以，担任了工作的人就会下功夫开动脑筋想办法，充分发挥出自己所具备的能力，而且也就相应地成长起来了。松下电器公司的事业部制，从某种意义上来说，就是将这些做法形成了制度。事业部并不只是一种经营体，其中的每项工作都具有这种思想，并将这一思想灌输到一切工作之中去。

当然，虽然应该在广泛的范围之内分派工作，但必须牢牢地把握住基本方针。否则，分派工作后，各行其是，整体就会变成一盘散沙。说到底，就是要基于一定的方针给予权限。因此，公司的基本思想和经营观念在这里仍然是极其重要的。可以说，只有个人根据经营观念去从事自主性的工作，才能培养出人才。

所谓培育人才，并不是说只培育出能干工作、技术精湛的人来就可以了。这一点也需要特别加以注意。本领和技能的确很重要，公司不能没有这方面的人才，这是很自然的事情。然而理想的是，这些人作为一个人也好，作为一个社会人也好，同样都应该是个优秀的人。尽管能够出色地完成工作，但作为社会人如果有缺陷的话，仍然不是令人满意的当今时代的产业者。

冲击：打开市场的通道

从空白处着手

管理者首先必须把握市场的供求差异。在市场经济条件下，宏观供求总是有一定差异的，这些差异正是企业的商机。

（1）市场需求总量与供应总量的差额是企业可以捕捉的商机。假如城市家庭中洗衣机的市场需求总量为 100%，而市场供应量只有 70%，那么，对企业来说就有 30% 的市场机会可供选择和开拓。

（2）市场供应产品结构和市场需求结构的差异是企业可以捕捉的商机。产品的结构包括品种、规格、款式、花色等，有时市场需求总量平稳，但结构不平衡，仍会留下需求"空隙"，企业如果能分析供需结构差异，便可捕捉到商机。如海尔人就善于巧妙地填补供需结构空间的需求"空隙"。几年前，海尔总裁张瑞敏出差四川，听说洗衣机在四川销售受阻，原因是农民常用洗衣机洗地瓜，排水口一堵，农民就不愿用了。于是，张瑞敏就要求根据农民的需求，开发出一种出水管子粗大，既可洗衣又可洗地瓜的洗衣机。这种洗衣机生产出来以后，在西南农村市场很受欢迎。

（3）消费者需求层次的差异是企业可以捕捉的商机。消费者的需求层次是不同的，不同层次消费者的总需求中总有尚未满足的部分。有的收入极高而社会上却没有可供消费的高档商品或服务；有的则消费水平过低而社会上却忽视了他们需求的极低档商品，而这些就给企业以开拓市场的机会。

其次，要在市场的"边边角角"捕捉商机。

边边角角往往易被人忽视，而这也正是企业可以利用的空隙。企业，尤其是小型企业，要充分发挥灵活多变、更新快的特点，瞄准边角，科学地运用边角，做到人无我有，人有我新，通过合理的经营，增强自己的竞争实力，最终达到占领目标市场的目的。

日本东京有家面积仅为43平方米的小得不能再小的不动产公司。一次，有人向这个公司推销一块几百万平方米的山间土地，对这块土地其他不动产者谁也不感兴趣，因为那块地人迹罕至，无任何公共设施，不动产价值被认为等于零。然而，这家公司老板渡边却认为，城市现在已是人挤人了，回归大自然将是不可遏制的潮流。因此，他毫不犹豫拿出全部财产，又大量借债将地买了下来，并将其细分为农园用地和别墅用地。之后大做广告，其广告醒目、动人，充分抓住山地青山绿水、白云果树特色，适应了都市人向往大自然的心理，结果不到一年，土地就卖出了4/5，净赚了50亿元。渡边的成功正是因为他抓住了别人不屑做的"边角"生意。这也正如他所说的："别人认为千万做不得的生意，或是不屑做的生意，这种生意往往隐藏着极大的机会。因为没有人跟你竞争，所以做起来就稳如泰山，钞票就会滚滚而来，重要的是，要捕捉住机会。"

记住选择缝隙市场的一个好处是可以减少竞争。一旦你找到一个壁垒分明的市场位置，就可以将自己定位在市场上，并且主宰自己的地位。这是判断你的战略是否成功的另一方式。

在每个缝隙市场的背后都隐藏着你的才能和特殊爱好。专业人士们选择自己热衷的行业提供专门化服务绝非偶然。比如，我认识一位专门接管体育界业务的律师，他本人就是一个不折不扣的体育迷。他选择的缝隙市场成为他的第二爱好。有些人十分幸运，碰到了适合自己的市场位置，而其余的人只好自己努力创造属于自己的位置。

每个企业都有它特定的经营领域。比如木材加工公司所面对的就是家具及其他木制品经营领域，广告策划公司所面对的是广告经营领域。对于出现在本企业经营领域内的市场机会，我们称之为行业市场机会，对于在不同企业之间的交叉与结合部分出现的市场机会称之为边缘市场机会。

一般来说，企业对行业市场机会比较重视，因为它能充分利用自身的优势和经验，发现、寻找和识别的难度系数小，但是它会因遭到同行业的激烈竞争而失去或降低成功的机会。由于各企业都比较重视行业的主要领域，因而在行业与行业之间有时会出现夹缝和真空地带，无人涉足。它比较隐蔽，难于发现，需要有丰富的想象力和大胆的开拓精神才能发现和开拓。例如，美国由于航天技术的发展出现了许多边缘机会，有人把传统的殡葬业同新兴的航天工业结合起来，产生了"太空殡葬业"，生意非常兴隆。再如："中国铁画"就是把冶金和绘画结合起来产生的，"药膳食品"是把医疗同食品结合起来产生的。

重视营销手段

面对公司生产滑坡，产销率极低，产品积压，运转困难，经营不善，甚至裁员破产的不景气现象，管理者应如何做呢？

这就需要经营者转变到推销观念上来，各生产公司面临的首要问题不再是如何扩大生产规模和提高劳动生产率，而是如何去推销他们的产品，由此市场营销观念应运而生。市场营销观念确立了这样一种信念：公司的一切计划与策略应以顾客为中心，满足消费者的需求与愿望是公司的责任。20 世纪 70 年代以后，随着消费者主义运动的兴起与环保意识的增强，社会营销观念由此而逐步产生。

公司营销定位于市场的条件有两点：

1. 采取目标市场定位营销

在任何一个市场中，由于顾客人数较多，散布广泛，而他们的购买要求又截然不同，而且总会有一些竞争者将在这个市场上的特定顾客的服务上占有优势地位。因此任何厂家试图为某一市场的全体顾客服务是不可能的，厂家只有分辨出它能有效为之服务的最具有吸引力的细分市场，扬长避短，而不是四面出击，这就是公司在市场细分化的基础上采取目标市场定位营销。

2. 强化公司营销能力，规划好营销战术

强化公司的营销能力首先要求厂长经理们重视营销，应该认识到营销是战略问题。搞好销售不只是一次精彩的促销活动，也不只是投入一笔巨大的广告费用，不只是靠一两个优秀的推销员，也不只是靠一两笔

较大的订货合同。经营者关注的应是如何确保在公司内建立起长期稳定的销售局面，应确立销售创造价值的经营理念。

公司强化营销，就要建立情报系统。如"长虹"公司的中层干部定期站柜台与客户接触，力求得到顾客的要求与市场的信息；其总经理一年有 1/3 以上时间在全国各地了解市场情况，并有上千人的销售队伍与顾客接触，该公司的业绩与这些情报系统是分不开的。

让预测更准确一点

预测是对未来事物的预先估计，对于管理者是非常重要的。如何使预测更完善，如何才能做出一个合理而准确的预测呢？最好的办法是从历史记录开始，以事实为基础，进行准确预测。

对于任何公司来说，都是非常重要的。没有预测，一个公司就不知道该生产多少产品、生产哪些类型的产品，以及应该雇用多少人来生产这些产品。这些信息又进一步决定了公司需要多少原材料和零部件来生产这些产品，还决定了生产日程，即产品什么时候应该被生产出来准备运送出去，以及保存成品存货所需要的储存空间，还有经营所需要的资金数量。

管理者要涉及一定程度的预测。销售部门的管理者需要预测产品销售的数量；生产部门的管理者需要预测生产线将会产出多少产品以及需要多少人来进行操作；资信部门的管理者则需要预测公司可能遭受的坏账比例。

但是，预测即使对于专家来讲也绝不是一件简单的事。对未来的推测既是一门科学，也是一门艺术。在预测中需要考虑如此之多的变量，而且还常常会出现令人始料不及的情况。那么，管理者如何才能做出一个合理而又准确的预测呢？

最好的办法是从历史记录开始。必须使预测建立在坚实的基础上，那就是以事实为基础。历史情况显示了什么？该部门去年的生产状况如何？前年的情况又如何？

使用历史数据是一种经典的预测技术，如果管理者用此进行预测的话，有以下几点好处：

首先，它能使管理者清楚地看到在这些年里所经历的增长或者负增长。过去的足迹可以帮助管理者探索未来。

其次，是帮助找到经营中的季节性变量，并且做出预测。也许数字会显示出在一年中的某个特定时期产品的需求会下降。管理者可以据此做出预测，在这段时期内减少原材料和人手。

实际上，许多预测者仅仅是把去年的数字拿来，然后加上或者减去一个百分数，于是宣布该年度的预算。这个办法足够简单的了，但有时它却是合情合理、十分精确的。

主动寻找突破点

市场就是"第一线"，需要管理者主动出击，找突破点。在主动出击的过程当中，市场调查就显得十分重要了，市场调查是一门研究市场需求变化发展规律的科学。从某种意义上讲，能否搞好市场调查是公司主动出击成败的关键。

通过市场调查，在分析市场竞争形势与消费者的需求后，常常可以发现有竞争的空白位置或消费者没有得到满足的需求。这就是市场给予的机会，为公司提供了潜在的市场，需要生产者去开拓创造。

产品"定位"是市场经济发展到一定程度的产物。所谓产品"定位"，就是生产者赋予产品独具的魅力和特色，使产品凭借这些特点，能在市场竞争中与异彩纷呈的同类产品区别开来，占据自己特定的位置，从而赢得消费者的注意和喜爱，产生购买欲，这是理想的"定位"效果。

每一种"定位"效果好的产品，并不是拍脑袋拍出来的。产品入市先"定位"，使市场调查走在营销的前面，从而把握市场的主动权，最终占领市场。

调查之后的工作就是把商品更好地推销出去，那么就不能不注重营销，营销的本质就是凝聚一个焦点，确定到底要把重心放在哪里。比如汽车，富豪强调安全，而宝马强调速度，这是两种完全不同的走向。事实上，宝马也有高性能、新系列的车，但是别人不买，因为焦点在于大家都认为宝马的车就是速度快。所以重要的是消费者认不认可。

在国内，笔者曾经遇到一位做牙膏的客户，他告诉我他的牙膏可以治胃病，不是开玩笑。我说我知道一种牙膏可以治香港脚，他认为是胡说八道。"对呀，关键就在这里，你都知道刷牙可以治香港脚是胡说八道，你凭什么认为消费者会相信你讲的——刷牙可以治胃病？"说刷牙可以治胃病，这种定位明显是错误的。在做市场的时候，千万不要主观地认为自己说的客户就会相信，重要的是你要去了解消费者或终端客户到底相信什么样的神话。

由此可见，公司所面临的选择是多么艰难，也正因为艰难才更显出它价值的所在，通过不断地进行市场调查，确定自己的创新方向，不断地开发新产品，然后运用多种营销手段将其推向市场。

市场中隐藏着哪些商机

对于管理者而言，商机何在？在市场上！这是一种答案；还在哪儿？在心里！这是另外一种答案，也是正确的。这就告诉那些想办好公司的人们，请学会留心市场！

俗话说"有心遍地财"，处处留心，处处有商机；事事在意，随时可发财。可以说在任何市场、任何时间，都有颇多的市场空白等着有心之人去发现和挖掘，这对于任何经营者来说，都是机遇与挑战并存，希望和困难同在。

一个市场往往可以细分为多个小市场，公司通过对市场的细分，可以从中发现未被满足的市场，从而也就捕捉到了发展的商机。麦当劳快餐公司被人称之为"最能够着眼未来的速食公司"，也常被称其为各种"麦当劳创举者"。麦当劳的成功就在于它能够不断从细分市场中捕捉到商机。例如，在美国，麦当劳最早针对单身贵族和双薪家庭这一细分市场，为愈来愈多的单身贵族和双薪家庭提供早餐；在中国，麦当劳针对儿童这一细分市场，充分抓住中国独生子女娇贵的特点，搞起了所谓"麦当劳儿童生日晚会"等促销活动，并取得了成功。

在市场中，不同的消费者有不同的欲望和需要，因而不同的消费者有不同的购买习惯和行为。正因为如此，你可以把整个市场细分为若干个不同的子市场，每一个子市场都有一个有相似需要的消费者群。例如日本资生堂公司 1982 年对日本妇女化妆品市场做了调查研究，按年龄把所有潜在的妇女顾客分为四种类型：第一种类型为 15 ～ 17 岁的妇女消费者，她们正当妙龄，讲究打扮，追求时髦，对化妆品的需求意识较强烈，但购买的往往是单一的化妆品。第二种类型为 18 ～ 24 岁的妇女消费者，她们对化妆品也非常关心，采取积极的消费行动，只要是中意的化妆品，价格再高也在所不惜。这一类妇女消费者往往购买整套化妆品。第三种类型为 25 ～ 34 岁的妇女，她们大多数人已结婚，因此对化妆品的需求心理和购买行为也有所变化，化妆也是她们的日常生活习惯。第四种类型为 35 岁以上的妇女消费者，她们显示了对单一化妆品的需要。然后，公司针对不同类型的消费者，制定了正确可行的销售政策，取得了经营的成功。

你想办好公司不可粗心，不可不察市场中隐藏的商机，要留心、留意市场中隐藏的商机秘密。否则你将会受到许多挫折，甚至重创的。其实要办好一个公司，多留一点心，就可以解决好多问题。

对市场有灵敏的反应

没有悟性的管理者，反应就不够灵敏，很难把自己的公司办得"火"起来。因此，办好公司，要有一个"灵"字，灵活的策略、灵活的营销，都是必需的。

世界上许多事物都会隐含着一些决定未来的玄机，经营也是如此。在经营实践之始，如果能对市场走向保持一种悟性，培养一种灵动的触觉，就可以更好地解析市场。这悟性和触觉实际上也是一种必要的素质准备。

打个比方来说，运行的市场如同一列不停奔驰的列车，而每一个打算搭乘这列火车的人，要想顺利地攀上它，就要提前活动筋骨，非要从精神到身体上做一些必要的准备不可，还要在列车到来之前先行起跑，以确保列车从身边飞驰时能顺势攀援而上。而事先对市场的调查、了解和预测也是准备工作的题中之意。

社会上的任何一种潮流或者趋势，都是一些由过去很细微因素积累而成的，例如今日电脑的应用就不是一朝一夕、一夜间才爆发的革命。我们所见到的一些现象往往是未来的一个大趋势。人们若能确切地预测到未来，就能有方法去按照未来市场的需求，做好思想准备和物资准备，等待时机成熟，就能抓住机遇，成功地闯入商海，扬帆远航。

由于人们的思想观念不同，对未来和现在的观察也有所不同。有些人凭着其过去的经验，有对事物仔细入微的洞悉；而有些人则对未来完全是茫然的，他们经常会对商机视而不见，不知不觉错失了很多机会。所以形成一些公司能持久把握市场优势，而大部分公司被川流不息、变动不止的潮流淘汰。因此，培养自己的市场触觉，掌握先机，就能在商场中获胜。

一般来说，市场预测必须配合公司内现有的情况。生意人必须从未来市场的角度，来观察公司内的现有资源，才能在其间寻求达成目标的方案。

既定未来理想的公司经营能力，是不断创新的力量。公司能因环境而设定目标是生意人本身必须具有的先见之明。若老板固执守旧，沉湎于过去的成绩，那就没有发展前途，没有远大的未来。做生意应以公司环境为导向，因为公司外部环境的改变，一定会使其受到影响。变化也表示了机会，若老板能抓住此变化的机会，就可能是成功的契机；若漠视了变化，公司就会失却灵活性，丧失商机，以致在新时代中被逐渐淘汰。

公司若要仔细捕捉市场变化契机，应先尽可能充分地搜集市场资料，并作为市场预测之用，要建立好一个公司的销售预测。一个完整的信息来源，对资料的分析是很重要的，有了这一努力，才算在经商中初步地沾了一些商海的泡沫。

假若先前经过商，你就有可能拿着已经过期的资料来预测市场，然而你必须重新来，要在日新月异的市场弄潮，你的资料必须最新，甚至要走在市场之前。假如你计划开发的产品已在市场上成为趋势，那就根本无需搜集资料，因为已经迟了一步。

搜集回来的资料，只是一些现象和数据。如不加以分析，就是一堆没有用的东西。老板面对细微的事物所带来的微小转变，不要嫌它细小而掉以轻心，当转变成了大趋势，公司就可能失去机会。所以企业家应客观冷静地去感受信息的影响力。书本虽可以教人做事，但做生意必须因时、因地、因事制宜，将理论知识和市场的现实情况结合起来，才能正确做出判断和分析。

如果你发觉有几项生意很有潜力，就要在预测未来以后，考虑一下自己的现有资源是否足以应付趋势带来的机会？现时的人力物力是否足以应付新计划？现时公司的科技水平是否足以满足市场新需求？发展计划所需的资金要多少？若资金不足，有没有办法向外举债而获取资金？公司做市场预测之时，即使找到不错的赚钱门径，但本身的实力如果不足以完成计划，公司就无法把适应未来的方案加以实施。所以，考核自己的实力，应从各个方面进行考察并做好准备，使自己的计划成为可行性方案。

对市场未来趋势的预测，有赖于自身的经验和判断力，或多或少总会带有风险，而有效的信息情报可将风险降至最低。自以为懂而盲目乐观，一厢情愿地以为某行业大有可为而不加以研究分析，或不顾自己实力去做，就真正具有风险。也就是说，在预测市场之前，首先要备有完善的、充分的、准确的资料，在此基础上留心细辨，抓住其中隐含的有潜力的信息，确定自己的经营项目和经营方向，进而确定服务形式或产品；然后还要量力而行，根据自身的能力——包括技术水平、资金储备、人力等因素而综合加以抉择。

风险并不可怕，任何时候都不是没有风险，等着天上掉下馅饼来是傻瓜的行为。有了一半以上的把握，那风险就值得冒一下。对商机的把握，也就是看一个老板的悟性了。

盯住市场的一举一动

要办好公司，新管理人必须盯住市场的一举一动。据我们在 2002 年 6 ～ 9 月间调查的材料，大多数公司做不好、做不下去，就是因为在市场调查上欠火候：要么调查不准，要么不知如何调查。

当公司老板具备了基本的一切依靠市场的营销观，也就需要进一步掌握一些分析、创造市场的方法。首先，我们一起来学习怎样做市场调查。

一个产品要被认定为名牌产品，必须具备一些基本条件。除了达到一般商品应有的要求之外，名牌产品还应该是市场上畅销的产品，是消费者喜爱的产品。国家名牌产品应具备的条件中有这样一条：产品适应市场需求，具有高知名度、高市场占有率，公司生产能力达到经济规模，年销售额、经济效益居本行业领先水平并连续保持 5 年以上。由此可见，不是市场上的畅销产品，是不可能成为名牌产品的。

公司要想创名牌产品，首先就要生产符合市场需求的产品，而要做到这一点，只有依赖于市场调查。除了在市场上畅销之外，还要是消费者公认的"名牌"。当公司生产的产品成为名牌产品后，必然会引发争名牌、超名牌、向名牌进攻的包围战，使名牌产品的生产公司要付出更大的努力来巩固名牌，切不可因生产经营某一环节的疏忽，使名牌称号不翼而飞。只有使名牌产品永远适应不断变化着的市场需求，名牌产品才不会衰老和死亡。

每一公司都希望自己生产的产品能成为"永久牌"。可是，由于竞争对手太多，产品又各有千秋，各具特色。独霸天下虽无可能，但不断提高市场占有率总是能够办到的。从现实情况来看，提高市场占有率也并非易事，有的公司为此付出了巨大的努力，可效果却不佳。怎样才能使提高市场占有率落到实处？要回答这个问题，就要靠市场调查了。国产"大白兔"奶糖初次出口国外时，为什么只能在地摊上经销？经过调查研究，发现在广告宣传中突出了奶糖的甜度，却忽视了目前国外普遍倾向于低糖消费的特点。后来，经改进产品质量和促销方式，才使"大白兔"奶糖成为国外市场上受欢迎的名优产品，市场占有率也蒸蒸日上。全国闻名的长虹彩电降价销售，使市场占有率一举提高了6个百分点，可以说是提高市场占有率一个成功的范例。无数事实证明，只有根据市场调查的结果，对症下药，提高市场占有率才不会成为"泡影"。

在任何一个市场中，由于顾客人数较多，散布广泛，而他们的购买要求又截然不同，而且总会有一些竞争者将对这个市场上的特定顾客的服务上占有优势地位，因此任何厂家试图为某一市场的全体顾客服务是不可能的，厂家只有分辨出它能有效为之服务的最具有吸引力的细分市场，扬长避短，而不是四面出击，这就是企业在市场细分化的基础上采取目标市场定位营销。

　　我国的牙膏市场可谓品种众多，商店里摆放的牙膏琳琅满目，众多品牌充斥市场，但宝洁公司依然想在中国的牙膏市场分一杯羹，其采用的就是对市场进行细分的基础上应用目标市场定位方法。宝洁公司发现中国的牙膏产品虽然众多，竞争激烈，但各种牙膏品牌都处于低档的牙膏消费品，宝洁公司瞅准空档，推出高档的"高露洁"牙膏，马上在中国打开销路。我国的补血药剂产品首推武汉的"红桃K"，其在市场上的销售广告几乎无处不在，就连穷乡僻壤的乡下土墙上都有"红桃K"广告，而另一生产同类产品的公司的"美媛春"欲与之竞争，其也是采取对特定市场的定位营销，"美媛春"推销的对象主要是贫血、妊娠、产后的妇女，集中力量在这片细分的市场上大动干戈，补血剂的这部分市场被"美媛春"抢占。试想如果"美媛春"全线进攻，会有什么效果呢？这可从另一个例子看出，"娃哈哈"是与乐百氏同列儿童食品的龙头老大，"娃哈哈"果奶在电视上的广告词"甜甜的，酸酸的，有营养，味道好"，儿童几乎都会唱，销售极佳，然而可能"娃哈哈"并不满足儿童市场，后来居然出现了"娃哈哈"果奶老爷爷也爱喝的广告，其目的就是为了扩大目标市场，进入老年人市场，可惜适得其反，这样一来小朋友们觉得"娃哈哈"不再是他们的专利，转而失去兴趣，使销售额反而下滑，幸亏"娃哈哈"及时刹车，才不至于乱了阵脚。事实上，"娃哈哈"公司最初也就是在分析国内饮料市场的基础上，发现了38种饮料都是男女老少皆宜的种类，而定位于儿童市场获得一举成功的。

　　世上没有万无一失的成功之路，动态的市场总带有很大的随机性，各要素往往变幻莫测，难以捉摸。所以，要想在波涛汹涌的商海中自由遨游，就非得有冒险的勇气不可。甚至有人认为，成功的因素便是冒险，做人必须学会正视冒险的正面意义，并把它视为致富的重要心理条件。

打开市场的 4 大高招

怎样打开市场呢？这个问题是管理者必须解决的问题，因为"市场"永远是管理者关注的对象，因为没有市场，一个公司等于退出了竞争机制，自绝出路。这就要求管理者想方设法，在市场创新方面搞出一套特色来。

管理者的市场创新总会集中地表现在判断决策和战略部署上，我们不妨从四个侧面来分析管理者创造市场的智慧和技巧。

1. 产品创新

以新异的、独具一格的产品来开拓市场，是管理者市场创新的一个重要内容。以产品方式进行市场创新，首先要预测市场的"趋势"。有目的地研制出自己的产品，但新产品的出现还不能立即就创造出市场来。其次，市场的开拓还依赖于老板的营销。最后，更为关键的，是要了解顾客的"真正需要"，能满足顾客的真正需要的产品才会有市场，才能开拓出一个市场。

2. 价格创新

商品价格越高，需求量越小；商品价格越低，需求量越大。事实上，归结起来讲，价格的作用有这样一些：

第一大作用是扩大市场；

第二大作用是树立竞争优势；

第三大作用是改善管理。

公司要在低价格的情况下仍能获利，就必须大力节省内部开支以降低成本。这里谈的市场创新的价格方式，就是要论述公司如何运用价格这一营销因素中最活跃的因素，来灵活地应对竞争和开拓市场。

①以高价格创新。老板不妨借鉴世界知名企业家以高价实现市场创新的方略，他们积累了很多的经验。

a. 稀缺性商品是可以定高价的商品。物以稀为贵，稀缺商品其价必高。

b. 质优性商品是可以定高价的商品。常言道，质优则价高。同类产品中，高价总意味着高质量、高档次。当公司要显示自己的产品与其他同类产品相比，质量、性能和服务更超群时，可以定高价。高价能满足人们追求精品和档次的心理。有的商品并不是价格越低越畅销，而是价格越高越畅销。

c. 贵族性商品是可以定高价的商品。一般老百姓都羡慕上流社会和富有阶层的人，并总希望自己能达到他们那样的地位，因而上流社会和富有阶层的人便成为他们模仿的对象。上流社会中流行什么样的商品，必然也会被普通百姓争相购买，产生"戴安娜王妃效应"。

d. 初生性商品是可以定高价的商品。当市场上有较大的需求潜力、顾客求新心理、而竞争对手尚未形成时，公司推出新产品可以定高价，以先声夺人，树立品牌威望和地位，同时也可较快收回开发产品的投资。

通过高价进行市场创新必须注意解决这样的问题：

高价格低渗透问题。也就是商品价格高但市场占有率低。解决这个问题可以通过产品策略、渠道策略和促销策略。这如同长竹竿过城门，横不行，竖也不行，而插进城门就行了。

高价格高仿效问题。由于高价往往有高利，所以高价商品容易招致众多的仿效者。

如何对付仿效者呢？可采用如下办法：

其一，形成"标准"。这是 IBM 的方法，也就是放开一切让人家尽情仿效，最后竟形成了以 IBM 为计算机行业标准的局面，它自然而然成了计算机行业的龙头老大。

其二，阻碍模仿。特别是当高价产品是专利产品时，可以通过法律手段阻止模仿者进入。

其三，速战速撤。在仿效者还没来得及进入时，通过促销快速打开市场，在尽可能短的时间获利。当仿效者进入后，就快速退到其他相关领域。当仿效者开始分享市场时，自己已转移到新开拓的市场上了。

②以低价格创新。低价可以使原来潜在的消费者变成现实的消费者，使市场的外延扩大。用低价策略，以"价廉物美"来刺激消费者，可以扩大销售量，逐渐提高市场占有率，谋求远期的稳定利润。"低价"一般适用于：生产批量大，销售潜力高，产品成本低，顾客又较熟悉的产品。

如何做到"低价"呢？"低价"有这样两个来源：即降低成本和扩大规模。

值得一提的是，公司以"低价"进行市场创新，也可以运用于多种产品经营之中。即"低价"产品本身不是它的目的，之所以降低这种商品的价格，其目的是刺激消费者对主要盈利商品的需求的增长和市场占有率的提高。

3. 公关创新

公关，是公共关系的简称。公共关系，是指公司在进行市场营销活动中，正确处理公司与社会公众的关系，以便树立公司的良好形象，从而促进产品销售的一种活动。公关是公司进行市场创新的一种重要方式。

今天，在商界，有许多人在广告上"大作文章"，企图孤注一掷，希望通过广告"扭转乾坤"，结果却还是"全军覆没"；而也有许多人，在激烈的竞争中，将广告当做锐利的武器，开拓了自己的市场，赢得了自己的成功。那么，在广告这种市场创新的方式中，以下几点值得铭记：

①要舍得花钱。

②广告语言要不同凡响。

③不要让广告公司拍你的马屁。

④广告公司的工作是做广告，你的工作是做生意，不要把两者弄混了。

⑤尽可能选一个人力、物力较雄厚的广告公司，这样，当你的公司发展的时候，他们才跟得上。

⑥对广告公司内部情况要做全面了解，不仅仅是了解其中一个人或几个人。

⑦不要让广告公司彼此间的恩怨搞乱了你的广告方针。

⑧让广告公司成为广告专家，你成为市场专家。换句话说，不要让广告公司替你去做市场调查，因为没有人比你更了解自己的事业。

⑨跟你的广告公司有着开放、坦诚，甚至竞争的关系。

4.市场创新的其他方式

除了上述产品、价格和公关几种常用的方式外，公司在市场创新方面还要掌握许多其他的方式。

①为顾客创造实用性。通过这种方式进行市场创新，也许什么都没有变化，然而市场却拓展了，顾客也乐于接受这种服务、购买这种产品。

采用"为顾客创造实用性"这一方式进行市场创新时，最为关键的是首先应提出这样的问题：顾客需要的究竟是什么？什么才算是真正给顾客以"实用的东西"？

定价也是市场创新的一个重要方式。这里所讲的定价，不是定高价还是定低价的问题，而是老板定价的观念问题。

如何定价，大有学问。老板应该知道，定价是使顾客为他所买的东西付钱，而不是为公司制造的东西付钱。你或许会问，这里所付的钱数最终不是一样吗？有什么区别呢？是的，这里所付的钱数最终是一样，但所包含的意思却不一样。从顾客的角度考虑，他之所以认为这件物品"定价合理"，他之所以愿付"这么多"钱，是因为他觉得"值"。从公司角度考虑，公司之所以定这个价，是因为生产它时，花了许多成本，必须收回成本，还必须有盈利。顾客在付钱购买这件物品的时候，他才不会去算你的成本和盈利呢，他所考虑的是它能否给自己带来某种效用的满足，明白了这点，有时通过改变定价，也会收到意想不到的效果。

②适应顾客的现实。公司要打开自己的市场，就必须适应顾客的现实。"适应顾客的现实"是市场创新的一个重要方式。

虽然这里主要介绍了四种市场创新的方式，但并不是教条，我们也不希望成为教条，而是要老板根据自己的不同情况，从这四种市场创新方式中找到灵感和高招。

要办好公司，缺乏竞争实力，显然是不行的。要增强自己的实力，光有想法还不够，还必须用多种手段来强化自己脆弱的环节，真正地到市场上去较量一番。在市场上的每一次较量，都是有风险的，但在风险中能够使你的公司变得坚强起来，不再软弱无力。办好公司有两个系统必须关注：一是自身的内部系统，二是市场的结构系统。要想在这两个系统中都是高水平的竞争者，你必须靠实力说话，实力从何而来？在竞争中赢得效益！

信用是块金字招牌

管理者要把诚信做人作为"招牌"，去赢得人心，赢得市场。以前的商人对"招牌"是非常重视的。招牌，代表了一家商店的信誉，也可说是吸引顾客对某商店商品给予信赖并安心购买的标志。

因此，不管哪一家商店，都非常重视"招牌"，不希望对它丝毫损害。"招牌"分割，是很少人去做的，只有在商店里诚实辛勤地工作一二十年，并且从没有做出伤害招牌的事，这样的人，才允许他用同一字号另外开业。重视顾客、提供好的商品，这都是要长年累积的信用。因此，没有招牌，便不能开业。但也不是只要有招牌便可做买卖，因为信用比重视顾客更重要。再一点，就是今天公司的业务变迁太快。以前遇到生意不顺时，还可以用招牌来挡一挡，可现在这种事就不再被允许了。也就是说，不再是靠张招牌就可行得通了。欠缺实力或没有生意的店，就算有再漂亮的招牌，也不会使生意兴隆的。时代不同了。

过去拥有的信用固然重要，但长年辛苦累积起来的信用，也可能毁于一旦。这就好像花了长时间建筑起来的房子，破坏它却只需3天。

因此，不要以为凭过去的信用或招牌，就能把生意做起来。应该常常探询顾客现在需要的是什么，并且时时刻刻把这答案回答出来，让每一天都有新的信用产生。

服务上乘取天下

"服务"这一关，管理者应当明白其重要性，并加以运用。

现代人的消费观念是花钱买舒服，享受一下当上帝的感觉，某些酒楼饮食生意不佳，不明真相的老板总以为是自己的厨师炒的菜不合顾客胃口，或者装修不够华丽等原因。殊不知服务员的态度才是致命伤。如果有上好的厨师，堂皇的大厅，却聘用傲慢无礼的服务员，那么酒楼的生意肯定会不景气。顾客掏钱要的是享受，犯不着花钱买气受，说不定他们还会在亲朋好友面前数尽你的坏处。

相反，如果有上佳的服务态度，即使你的饭菜不怎么合胃口，装潢也不怎么华贵，却也很难让顾客拂袖而去。

肯德基快餐业是全世界知名的企业，其商业战略的首要诀窍就是微笑。服务员和蔼可人的微笑，可以让厨房里的员工们忙碌地安心工作，而顾客就餐时也如沐春风。这样，顾客自然会满意服务员的态度，这也就几乎等于对你的公司整体形象的认可。

20世纪70年代初，那些实力雄厚的新产品制造商乐于在不发达的第三世界国家制造新产品，并对那些由于生活条件所限，既看不懂这些新产品的使用说明，又不会正确使用产品的人们进行指导。他们在市场营销方面敢作敢为，下了不少功夫，但成功率却极低。

人们对此疑惑不解，一场关于新产品开发和由于人们不善于使用而造成的成功率低这二者之间可能存在的联系的讨论，由医学专家、行业代表和政府官员在一些国际会议上展开了，但当时公众还没有认识到这一问题的重要性。

毫无疑问，雀巢公司对于许多第三世界国家都堪称是一个咄咄逼人的市场营销商，它的促销活动除了针对消费者之外，还直接针对内科医生和其他医务人员。直接针对消费者的促销活动有多种，所采取的媒介有电台、报纸、杂志和广告牌，甚至使用装有高音喇叭的大篷车，它免费散发样品、奶瓶、奶嘴和量匙。在有些国家，雀巢公司通过采取"奶护士"的方式，直接与顾客接触。

雀巢公司雇用了大约 200 名妇女充当护士、营养师或助产士，这些专业人员通常的绰号是"奶护士"。批评家们认为这种奶护士实际上是变相的推销员。她们走访婴儿的母亲，给她们送样品，说服母亲们不要亲自给孩子哺乳，她们穿着制服，看起来正儿八经的，大大增强了人们对她们的信赖感。

顾客是活广告

人都是活的广告，一传十，十传百。好的可以传，坏的也可以传。管理者必须让自己的公司产品过关，让一批一批顾客把你的美誉传扬开去，这样你就能"滚雪球"了。

1. 分辨可能的顾客

如果你想招揽新顾客，关键在于确认可能成为你顾客的人。这些人可以从下述三个方面进行辨认：有购买意向者，有购买资金或有筹措资金能力者，具有购买意思与能力者。以这个原则对购买者进行分辨，切勿把许多宝贵时间耗费在既无购买意思，又无购买能力的人上。

2. 利用亲友关系开拓新顾客

人与人的交易和接触是滚雪球式的，越滚越多，所以你必须利用你的亲友关系拓宽与别人的联系，并把与你有关系的或见过面的人视为可能的顾客，并记录备案。这些关系可以包括：同学、校友等关系；亲戚、家属等关系；邻居、同乡等关系；爱好、运动等方面的关系；同业、同组织、社团等的关系等。

3. 家庭式介绍法

发掘顾客的一个有效的方法就是请购买商品的顾客，把商品介绍给所认识的人，然后被介绍的人再把商品介绍给他所认识的人。这样一来，你的顾客就可以无止境地扩张下去。为使你的顾客不断地扩大，你必须得抓住每一位光顾的顾客，给他们留下好印象，让他们乘兴而来，满意而归。

4. 运用知名人士的感召力

尽可能地运用知名人士及与他有关的人士，并请其介绍熟人或朋友，逐步开拓可能的顾客。一般说来，人们都有一种从众和崇拜心理，知名人士的言行举止往往得到他人的效仿。通过知名人士接触其他人，他人就会对你另眼相待，也会给你带来更多的顾客。

5. 举办展示会

用举办商品展示会、样品展览等方式，把客户聚集一堂，然后打听其姓名地址，然后进行跟踪销售。这些人都见过展示品，是一群对商品很感兴趣而聚集在一起的人，可以说在开拓顾客方面的概率很高。在一定时间内，经过追踪销售而没有成功时，就可把他们列入可能顾客卡片，加以管理，定期寄出样品目录，隔一段时间再前往拜访，从中了解未获成功的原因，有助于你开拓顾客。

6. 内部开拓法

这种方法是设法与企业内部人员或各种团体、部门取得联系，把职员都视为可能的顾客，然后通过他们再逐步拓展顾客。这种方法可确保拥有有组织的数量多的可能顾客，但若想要在组织上谋求扩展，需要投下相当的时间、经费及心力。不过你所做的一切都将是值得的，因为通过这种途径，你可以获得一大批永久性的顾客。

7. 分类法

对于销售人员来说，如何从不同层次的顾客中挑选真正的买主极为重要。你可以对可能顾客按 A、B、C 三级分类，对不同级别采用不同方法。A 级顾客是拥有购买能力且明显的有购买意思者，B 级顾客是的确会购买者，C 级顾客为买或不买尚有疑问者。通过对你的顾客所作的分类，你可以采取不同的办法迎合他们的心理，让其购买你的产品。

8. 投入式访问法

遇到什么顾客就访问什么顾客,这种方法就叫做投入式访问法。运用这种方法要得当。为使访问次数增多,并获得成功,对顾客是否有意购买要尽快判断。为了达到这一目标,你可以将销售对话或顾客拒绝购买的理由加以整理归纳,并把拒购理由列入销售对话的技巧之中,以便很恰当地对顾客的反应做出正确判断。同时,对限定地区或事先已搜集情报的地区进行投入式销售,也是获得高成效的方法。

9. 其他发掘方法

对于顾客应给予足够的重视,对于顾客的不满、牢骚不应恼怒,切实帮助顾客解决困难。把不同情况的顾客都详细正确地记录下来,然后制定销售计划并采取积极果断的行动。俗话说:处处留心皆学问。你只要留心,一定会学到更多的发掘顾客的方法,而且,不论在何处,你都可能发现新顾客。采用尽可能多的方法,更多地拓展你的顾客吧!

4　舌战对手：巧于谈判

没有目标，就不要走近谈判桌

谈生意准备阶段的要务之一，就是定出目标。目标的确定，需要在谈生意的准备阶段搜集与谈生意目标相关的技术与价格资料，同时了解对方的态度和可能发展的趋势。

因此，准备阶段的确定目标中决定整个谈生意成败的关键。远在你坐在谈生意桌之前，那些你所做的以及没做的，就已经决定了你在谈生意中的表现。

荷伯先生家的电冰箱出毛病了，据说已经不可能修复了，于是他决定去买台新的。他从存折取出仅有的 450 美元，也就是说，要买一台新的冰箱，他最多只能出到 450 美元，除此之外，他的兜里只有一盒火柴、一支笔和八分零钱。

他再三选择后来到赛厄斯商店看中了一台标价为 489.95 美元的冰箱，他很喜欢。你知道，赛厄斯商店是明码标价商店，他们不跟别人讲价。可是荷伯先生就是用他仅有的 450 美元买到了这台心爱的冰箱。

他达到了目标，那是因为他先定出了目标。

1. 定出你的理想目标

理想目标是个希望得到的目标，即达到了此目标，对己方的利益将大有好处，如果未达到，也不至于损害己方利益。

一位热气球探险专家计划从伦敦飞往巴黎。他对自己此次行动的目标做了以下详细划分：

我希望能顺利抵达巴黎；

能在法国着陆就已经不错了；

其实只要不要掉到英吉利海峡，我就心满意足了。

注意：谈生意是从实际出发的，理想目标也固然要遵循"求乎其上，得乎其中"的原则，但是，理想目标绝不是漫天要价，你总不希望当你刚亮出报价牌时，就把对手吓跑了吧！

甲公司需要一套计算机软件程序，而此时乙公司正好有这样一批东西。当两方代表坐下来准备谈这项协议时，乙公司代表显然有些趾高气扬。

"坦率地对你们说吧，这套软件我们打算要 24 万美元！"

此时甲方代表突然暴怒了，他脸发红，气变粗，提高嗓门辩解道："你们开什么玩笑，简直疯了，24 万美元，是不是天文数字？你认为我是白痴吗？"

就这样，双方几乎再没有在谈生意桌上讲第二句话。

2. 重要的是你的终极目标

一家位于苏格兰的小轮胎公司原来一周只开工四天，新管理人为加强产品在市场的竞争力，希望能将工作日为一周开工五日。但是，工会拒绝开会，工会的理想目标是周五不开工。

在漫长的谈生意过程中，公司一再声明，如果工会不肯合作的话，公司将可能被迫关闭。看来资方的决心挺大，可工会的决心更大。最后谈生意宣告失败，公司亦宣布关闭，工人们都失业了。工会就是因为要追求理想目标而牺牲了终极目标——保住饭碗。

3. 最好有个目标区间，以便你和你的对手能自由游戏于理想目标和终极目标之间

早上，甲到菜市上去买黄瓜，小贩 A 开价就是每斤 5 角，决不还价，这可激怒了甲；小贩 B 要价每斤 6 角，但可以讲价，而且通过讲价，甲把他的价格压到 5 角，高兴地买了几斤，此外，甲还带着砍价成功的喜悦买了他几根大葱呢！

同样都是 5 角，甲为什么还愿意磨老半天嘴皮子去买要价 6 角的呢，因为小贩 B 的价格有个目标区间——最高 6 角是他的理想目标，最低 5 角是他的终极目标。而这种目标区间的设定能让甲心理上接受。

一般来说，很多人都会这样对孩子说："如果你目标定得高，成就自然就大。"在平常生活中，我们往往都是这样做的。但是，在商场上，这个习以为常的道理还能起到那样的作用吗？

有两位教授做过一个实验。他们在进行交易的两人之间安置了一道栅栏，让双方都看不见对方，也听不见对方说话，因此要价、出价只能

靠传递纸条沟通。在沟通过程中，双方所得之信息完全一样。但是一方被告知，他可以 7.5 美元成交；另一方则被告知他可以 2.5 美元成交。结果，期望以 7.5 美元成交者，果然如愿以偿；期望以 2.5 美元成交者，也和预期所得很相近。

我们也尝试了一个这样的实验，不过情境有些不同。两位教授所选对象是学生，我们所选对象是专业人士；教授限制谈判双方沟通，我们则让对象直接接触；教授提供期望值，让谈判双方参考，我们则让对象自行决定。结果，我们的实验证实了，期望值高者能以较高价成交，期望值低者成交价自然较低。

由人们在生活中设定目标、修正目标的举动可以看出一些他们在谈生意中可能出现的反应。人们常为自己修订目标，却浑然不自知。当我们选择去一个社区居住，或选择参加一个团体，或选择上一个教堂时，我们便会针对现况，制定目标。公司主也是这样，他们会向朋友、秘书、助理人员描述他们的目标，依据不断的反馈，逐步向上或向下修正目标。

个人的期望值反映了他希望达到的目标，换言之，那是他对自己的一种期望。期望不单是愿望，而是一种包含了展现个人自我形象的肯定意图。万一表现不好，可能有损自我形象。当人们被问到"下次你想拿几分"时，他们设定目标的真实度绝不如当他们被问到"下次你期望拿几分"时来得高，因为，后者牵涉到自我形象的自尊，而前者没有。

期望值、敢不敢承担风险和成功是相关的。在选择目标时，个人就仿佛赌客下注一般，尽可能在所得、代价和成败之间保持平衡。当然，要想在成败、代价、所得三者之间，找到常胜不败的基础，确非易事，因此，人们只能利用过去的经验，凭此出发。

成败会影响期望值。人们会按照自己的能力、表现，来决定期望值的高低，因为，在这场轮盘赌中，个人最宝贵的资本——自尊，也被掷于其中。

谈生意就是一个不断寻求反馈的往返行为。买方、卖方各自订立目标，然后寻求反馈，反馈中的每项要求、让步、威胁、迁延、最后期限、权限甚至好人、坏人的评语，都可能影响双方的期望值，任何一句话、任何新动向都可能左右"价钱"的起伏。

在谈生意过程中，设置高目标的人往往会比设置低目标的人表现得好。不过，期望愈高，失望的机会也会愈大，这当中自然要承担风险。所谓"买卖交易"，当然要靠良好的判断力，做一个周密的评估。评估时应该将目标定得高一点，尽管那样会有一些风险。

不求单赢，要求双赢

适于短期交易的策略，不见得适合长期发展的需要。谈判中最大的挑战之一，便是维持短期交易和长期目标间的平衡。谈生意对手有可能在你的强压力下，做你希望他做的事，但是，即便对手碍于情势做了这样的让步，他对你的态度也会是敌对的。

只有知道自己的目标何在以及如何达到的人，才是好的谈生意者。好的谈生意者不会为了眼前的小利而做出重大的牺牲，为日后种下失败的苦果。

对于任何谈生意者，理想的气势应是严肃、认真、紧张、活泼。

大幕拉开后，谈生意双方正式亮相，开始彼此间的接触、交流、摸底甚至冲突。当然这也仅仅是开始，它离达成正式协议还有相当漫长的过程。但是在谈生意开始阶段，你首先要做好一项非常重要的工作，那就是建立洽谈的气氛，它对谈生意成败有非常重要的关系。

谈生意气氛是谈生意对手之间的相互态度，它能够影响谈生意人员的心理、情绪和感觉，从而引起相应的反应。倘若你经历过任何一次谈生意，你对那次谈生意的气氛都应该记忆犹新吧？那或许是冷淡的、对立的；或许是松弛的、旷日持久的；或许是积极的、友好的；也有严肃的、平静的；甚至还有大吵大闹的。

你也应当清楚，那种积极友好的气氛对一次谈生意将有多大帮助，它使谈生意者轻松上阵，信心百倍，高兴而来，满意而归。

1. 给对方一个好的感觉

谈生意正式开始后，双方见面的短暂接触对谈生意气氛的形成具有关键性作用。

①恰到好处的寒暄

谈谈大家都有兴趣的话题；

点到为止地谈点私人问题；

与对方开个玩笑，如果你们认识的话。

②人可以貌相

打开你的心灵之窗——眼睛；

打开你的心灵之窗——眼睛；

适当的手势语可以化繁为简；

全身放松，动作自然得体。

③避免谈生意开头的慌张和混乱

宁肯站着谈生意，因为那样会更轻松、更自由、更灵活；

做好充分的准备，战略上藐视敌人，战术上重视敌人；

凝神、坦然直视对方；

轻快入题。

④调整、确定合适的语素

谈生意中切忌滔滔不绝，那会给人慌慌张张的感觉；

也不可慢条斯理，倒人胃口；

不要让自己无话可说；

在你说的过程中察言观色，捕捉信息。

2. 诙谐幽默

谈生意气氛形成后，并不是一成不变的。本来轻松和谐的气氛可以因为双方在实质性问题上的争执而突然变得紧张，甚至剑拔弩张，一步就跨入谈生意破裂的边缘。这时双方面临最急迫的问题不是继续争个"鱼死网破"，而是应尽快缓和这种紧张的气氛。此时诙谐幽默无疑是最好的武器。

卡普尔任美国电报电话公司负责人时，在一次董事会上，众位董事对他的新管理人方式提出质疑和责问，会议充满了紧张的气氛。人们似乎都已无法控制自己的情绪了。

一位女董事发难道："公司去年的福利你支出了多少？"

"九百万。"

"噢，你疯了，我真受不了！我要发昏了！"

听到如此尖刻的发难，卡普尔轻松地用了一句："我看那样倒好！"

会场意外地爆发了一阵难得的笑声，连那位女董事也忍俊不禁。紧张的气氛随之缓和下来了。

3. 预期理由引诱法

某机器销售商对其买主说："贵方是我公司的老客户了，因此，对于贵方的利益，我们理当给予优惠照顾。现在我们已获悉，在年底之前，我公司经营的这类设备要涨价。为了使老朋友在价格上遭受不必要的损失，我方建议：假如你方打算订购这批货，要求在半年到一年内交货，就可以趁目前价格尚未上涨之时，在订货合同上将价格条款确定下来，那么这份合同就有价值保值的作用，不知贵方意下如何？"

如果此时该产品市价确实有可能上涨，那么这番话就很有诱惑力，对方绝对倾耳细听，并做短暂考虑。

见到买主犹豫不决，这位销售商又补充道，如若此事早日定下来，对于卖方妥善安排投产、确保准时交货是有利的。

买主仍有些踌躇不定。"我们可以随时撤销合同，当然必须提前三个月通知我方对供货另做安排。"销售商又加上一道保险。

此时买主还能说什么呢？赶紧同意签订合同了。

4. 投其所好的引诱法

美国谈生意专家荷伯·科恩在其《人生与谈生意》一书中追忆了他

在凹年前初次与日本商人谈生意时，因缺乏经验被对方击败的情形：

荷伯先生的上司决定派他到日本去谈笔生意。"我太高兴了，兴奋地对自己说：'这可是展现自己才华的一次好机会。命运在召唤我，我要扫清日本人，然后向国际进军。'

"一周之后，我乘上去日本东京的飞机，参加为期 14 天的谈判。我带了所有关于日本人精神和心理的书籍，一直对自己说'我一定干好。'

"飞机在东京着陆了，我以小跑步走到舷梯。下面两个日本人迎接我，向我客气地躬身行礼，我喜欢这个。

"两个日本人帮我通过海关，然后陪同我坐上一辆大型豪华卧车。我舒服地倚在绵绒座背上，他们则笔直地坐在两张折叠椅上。我大大咧咧地说：'你们为什么不跟我一样，后面有的是地方。'

"'噢，您是重要人物，显然您需要休息。'我又喜欢这个。

"在行驶途中，其中一位主人问道：'请问您懂日语吗？'

"不懂，不过我打算学几句，我还带来了字典。"

"他的同伴又问我：'您是否关心您返回去的乘机时间？我可以安排车子去送您。'

"我心里想，多能体谅人呀。

"我从口袋里掏出返程机票给他们看，好让他们知道什么时候送我回机场。当时我并不知道他们就此知道了我的截止期，而我却不知道他们的截止期。

"以后的日子，他们没有立即开始谈生意，而是先让我领略了一下日本的文化。我的旅游花了整整一周时间。

"每当我要求谈生意时，他们就说：'有的是时间，有的是时间。'

每晚有四个小时，他们让我坐在硬木板铺上进行晚餐和欣赏文艺。你能想到在硬木板上蹭这么久是什么滋味。如果你没蹭出痔疮的话，你是永远也找不到他们的。而当我要求谈生意时，他们就说：'有的是时间。'

"到了第12天，谈生意总算开始了，但又提前结束了，以便打高尔夫球。第13天又开始了，又提前结束，因为要举行告别宴会。最后的一天，我们恢复了认真的谈生意。正当我们深入到问题的核心时，卧车开来接我去机场。我们全部挤入车里，继续谈生意

荷伯·科恩以惨败而告终。由于日本人知道了他谈生意的截止时间，先搞公共关系，投其所好，而把正式谈生意只压缩到一天时间，给他造成很大的时间压力，他为完成上司的任务而不得不草草签订协议。

让一点步，并不吃亏

卖方对买方所做让步会有怎样的反应，主要在于让步的情况。如果让步的幅度一下子很大，未见得能让买方完全满意，反而会使对方提出更进一步的要求。总之，我们所说的话、所表现的行为都有可能影响对方的语言、行为，反之亦然，这是一种连锁性反应。

因此，卖方在做出让步之前，应当先自问："如果我做此让步，那我下一步该怎么办，还有，对方会采取什么行动呢？"这样的话，就可以帮助你从对方的角度分析让步可能造成的后果。

假如你是个业务员，你的上司指示你在与客户谈生意时，不能做出任何让步，同时还要你尽可能做到让客户满意的程度。这项指示乍听之下，简直是天方夜谭，但是真正做起来，也并非不能。

以下这些方法，你可以一试：

（1）专心聆听对方的谈话。

（2）尽可能向对方提供合理的解释。

（3）你所说的话，要能够得到证明。

（4）尽量拉长谈话的时间，别怕谈话内容重复。

（5）对客户礼貌周到，态度良好。

（6）让客户意识到，他所受的待遇是很高的礼遇。

（7）反复不断地向客户说明，他绝对可以信赖这笔生意所提供的永久保证。

（8）向客户询问，为什么其他买主也做了同样的选择。

（9）让客户自己查明某些事情。

（10）如果日后有任何事情需要处理，你绝对负责到底。

（11）要你们公司的新管理人出面向客户提供有关商品及服务品质方面的保证。

（12）向客户提供这些商品或市场的情报资讯。

在《威尼斯商人》一剧中，莎士比亚曾写道："一分代价，一分满意。"的确，恰到好处的让步确实有助于提升客户对你的满意程度。

到底有没有所谓"理想的让步模式"呢？从资料上看，也可以找出一些佐征。下面几点值得注意：

（1）提出极少条件的买家要比完全不提条件的买家，来得有利。

（2）假若买家出手阔绰、大举让步，这会刺激卖方对谈生意的期望值。

（3）假若卖方对谈生意期望不高，那实际结果也会如此。

（4）每次以小幅度让步的人，较为有利。

（5）在主要议题上率先做出让步的人，八成会是输家。

（6）最后期限会迫使双方不得不迅速做出决定、达成协议。

（7）仓促的谈生意，对买卖双方都不是好事。

（8）在谈生意中，你做出了一项最大的让步，你便占不到便宜。

（9）给自己留够谈生意空间。如果你是卖方，尽可把售价提高；如果你是买方，尽可把开价压低。但是事先应替自己想好"定价"的理由。

（10）先让对方提出要求，把他的要求放到桌面上，至于自己的条件暂且不表露。

（11）促使对方先在主要议题上做出让步，而你则先在次要议题做些让步。

（12）尽可能满足对方提出的要求。谁也不愿意一无所获全盘皆输。

（13）不要过早做出让步，因为让对方等待的时间愈长，他就会愈珍惜。

（14）不要报复性地让步。如果对方出价60，你出40，对方说："咱们把差价分了吧！"你完全可以回答："我负担不起。"

（15）每次让步，必须有所得。

（16）看清没有损失的话，可以让步。

（17）记住："我会考虑"也是一种让步。

（18）搞不到一顿晚饭，搞到一个三明治也好；搞不到一个三明治，搞到一句承诺也行。承诺是打了折扣的让步。

（19）不要拿钱开玩笑，每个让步都有可能损失掉一大笔钱。

（20）很多人都有不好意思开口说不的短处。事实上，如果你不断地说不，别人就会相信你是认真的。

（21）不要因让步而乱了阵脚。

（22）已经做的让步还是可以收回成命，毕竟谈生意最后所达成的协议才是结果，而非中途的一点共识。

（23）不要让步太早或太甚，这样会助长对方的气焰，因此，要特别小心你让步的数量、比例，以及转变的程度。

围绕底价讨价还价

抬高底价的做法是否道德，要看它是在何时、为何原因，以及怎样使用而定。不管你是买方还是卖方，如果你不希望自己的利益减少，你都应该了解一下这种技巧。

所谓不道德的情况大抵是这样：买卖双方已经谈定了价钱，第二天，卖方突然变卦，抬高价格。买方气愤之余，也只能与卖方再度商议，结果成交价比"原定价"要高得多。这样的伎俩不单卖方常用，买方也常常这样反向做。

又举例，如果你想卖一部车，开价 7200 美元，有人前来和你商议，一阵讨价还价之后，你勉强同意以 6500 美元成交，于是买方留下 100 美元订金。第二天，他带来一张支票取车，但支票面额却是 6000 美元，而不是 6400 美元。他满面泪容地向你解释，他就只能凑到这么多。你没有办法，只好接受他的条件。

做出一个决定并不容易，所以，一旦做出决定，你就会自己说服自己，认为这个决定是正确的。特别是当你把决定告诉周围的人之后，你更没有办法改变决定，或者你必须再花同样的时间、精力，去做另一场交涉。

几年前，一家大公司委托我担任购买经手人，当时我收到一份计划书，卖主开价 50 万美元，可是我和成本分析师都认为，44 万美元应该可以成交。一个月后，谈生意正式开始，没想到，卖主在会议的第一天就告诉我们，他当初估价出现了一点错误，事实上他需要 60 万美元才能承接这笔生意。我们一听，都很恼火。结果，一天下来，我完全不知道他现在提的 60 万美元的要求是不是真的合理，我只知道当谈生意结束、双方同意以 50 万美元成交时，我是多么地兴奋。其实我们比预想的多付出五六万美元。这就是垫高底价的运用。

垫高底价还可以很有效地打消谈生意对手另提额外要求的念头。很多年前，我计划买一栋小房子。屋主和我磨磨蹭蹭了几天，最后终于达成了初步协议，协议有一款规定，他要附送一套价值 100 美元的白蚁清除器给我。这一附带条件其实不算是一种让步，因为加州法律规定，除非买卖双方同意不要，否则原屋主要主动提供给买方一套白蚁清除器。

之后，我们约定某天早上九点碰面。在碰面之前，我已盘算要对他老旧的炉子和冰箱大肆批评，我的目的是希望他能把这些东西留下来免费送给我，而不要煞费周折地搬到田纳西去。不过，当我正要开口时，他老兄却先发制人了，他说："我一直在想白蚁清除器的事，我不打算送给你了。"我真不敢相信，我给他做了 1.5 万美元的交易，他却连 100 美元的白蚁清除器都舍不得给我。

这会儿，我只好把炉子、冰箱的事暂搁一旁，而把讨论的重点放到白蚁清除器上。最后，花了整整 30 分钟，我才好不容易地把他说服，他勉强答应不把炉子和冰箱带走，但是，不能送给我，而是卖给我，不过价钱便宜了一点。总之，他相当成功地改变了我的要求。

谈生意双方没有任何一方能确知，他们到底能占到多少便宜，总的来说，讨价还价的时间愈长，愈有可能得到令人满意的结果。我深信要是我坚持下去，一定能够如愿以偿地得到免费的炉子和冰箱，但是在和屋主争取白蚁清除器时，屋主很坦白地透露出"一切到此为止"的信息，致使我无法再做进一步的要求。

抬高底价的作用远比一般人的想象来得高，因此，在生意场合上，即便合约签了字，仍有人无所顾忌地运用这种策略。而对付这种策略最好的方法，就是彻底弄清楚它为什么奏效。这将在下面的章节中讨论。

如何防范对手抬高底价？请参考以下的建议：

（1）迫使对方亮底牌。也许他跟你一样都不愿意把时间耗费在讨价还价上。

（2）尽可能争取较大数额的订金。如果你是要卖房子或是卖车子，那你最好要求买主付出一大笔订金。

（3）多找一些高阶层人士来参与合约的签订。监督的人越多，事后后悔、抬高底价的机会越小。

（4）改变你所提的要求，反将对方一军。

（5）召开干部会议，给自己一些时间思考问题。

（6）不要不好意思，在签订合约之前要向对方问清楚，以后还会不会抬高价钱。

（7）慎重考虑，要是真的谈不下去，掉头就走。

反制措施要根据情况来决定，所以你要弄清楚，有意抬高底价的人知不知道你在做什么，并不断试探他的底价，没准你会发现，他所要付出的代价比你还要高呢！

盘算好降价与成交的关系

成交区价通常界定在卖方的最低售价跟买方的最高报价之间。这个说法有些道理，但不全然合理。

问题在谈生意时常常会出现三个不同的成交区间：

（1）买家的大脑里有一个。

（2）卖家的大脑里有一个。

（3）谈生意一旦陷入僵局，找中立的第三者出面调停时，他脑里还有一个。

所以我们建议找一个新办法来界定这个区价，这可能很难，但是比较管用。

根据我们的看法：成交区价应该界定在"买家预估卖家的最低售价"和"卖家预估买家的最高买价"之间。这种界定方法的实质在于：这个区价的基础是对形势的评估，而不是形势本身。评估当然有可能是错的，但是它可以根据新信息的输入而机动调整。

买家应当有能力降低"卖家预估买家的最高买价"，反过来说也是如此，谈生意技巧的重要性也就在这里，你是如何提出要求的，你想要多少，你怎么让步，你的底线又在哪里，都会改变对方脑中的成交区价。

买家希望的成交价往往不能达成。不只售价在变，产品品质、设计、包装和性能经常也有点不一样。还不止这些，销售员提供给你的选择、标准配备、装配价格及实践承诺的诚心，都是不断在变的。这么多的变数实在是很难做出客观的比较。可是我们常常得在这堆破碎的资料上明智地估决定。

了解这行买卖的顾客比较容易掌握主动。他们的基础是建立在勤劳的工作上。他们知道运用工程师和成本分析家替他们建立互相比较的单位。通过跟几位销售员接触后，他们就开始一个分阶段的购买循环。第一次的价钱是探试各种可能性，随后展开成本分析和相关资料的搜集工作，跟专家请教、分析资料、套销售员的风口，再定出确定的条件。等拿到第二次报价之后，再度开始比较评估，仔细磋商和确认比较价格。此时，谈生意底价终于出现了。只是大多数买家根本没工夫去做这种研究工作。

有的销售员奉命为买家提供相关资料，于是他们在计划案交出去后就立刻投入研究。他们大多知道买家的困惑，于是协助他们分析比较。我曾经见过许多销售员往客户办公室一坐，立刻开始比价，表格一个接一个，令人眼花缭乱，他们是怎么占据优势的？说来简单，他们只是告诉客户，他们是来帮助他做出正确的判断。不知所措的客户满怀感激，买卖顺利成交（换个角度是顾客乖乖就范）。销售员的正面形象也因此确定。

诚然，为了买卖顺利成交，卖方得降价，稍稍做些让步，并且设法证明他所言不虚。通常卖方的精心策划，用不着跟别人竞争，就取得内线优势，而且迟早会赢得买方的感激。

尽管价钱是要让在刀口上，大部分的销售员都很努力工作，希望能卖出最好的价钱，但是最高明的售货员却是协助买方了解不同的价钱来完成交易。

降价是买卖双方都常用的手段。买家价格是告诉（通常是误导）卖家在这桩买卖上他只打算花多少钱。卖家则在竞价时被迫降价，通常他们等到所有对手都已报出价钱之后，才说自己的价钱也差不多。他们所等待的是在无形中降价，好确定下一步该怎么走。

我自己就采用过放风向球的方法，通过降价外加散布谣言来对付一个在谈生意桌上不大合作的人。采用散布谣言的方法，在谈生意过程中引进新的议题，其实是不错的办法。就算别人忽略或拒绝这个议题，也没什么不好或是损失什么谈生意筹码。在你跟谈生意对手说你上级的想法原本如何、你的权限是什么，或是你不可能妥协时，就是造谣的最佳时机。我常利用这种非正式的渠道提出新的条件和可能的解决方式，以期动摇对手的立场。谣言是一种奇怪的东西，听到它的次数很多，大家就会相信，最后就真假难辨。

善用兵不厌诈的原则可以得到理想的成交价。风向球和谣言能够测出气氛，以便施展各种战术如奇袭、延迟下单、静候竞争以及坐等对手削价求现等。还可以利用谣言，造成事实的假象，看是否会衍生新的问题，再决定要不要重拟谈生意策略。我在一本有关管理杂志上读到：有 3/4 的行政人员从小道消息得知自将被炒鱿鱼了，结果真的是如此。

所以好的谈生意人员应随时提防对方来这手。以下的安全措施可资参考：

（1）新管理人底下的人往往是代新管理人发言。

（2）大胆设想消息都当是谣言或风向球，小心求证。

（3）太容易得到的信息要当心。

（4）放风向球可能暗示对方的策划没有到位，他们可能在求救。

（5）风向球和谣言通常用以迷惑对手、削弱对手意志，或离间对手。如果自行克制，在谈生意中运用放风向球、降价、散布谣言等方法也未尝不可。不过在已经获得协议结果的场合，则毫无用处。

不利的时候，能拖就拖

谈生意者要想在生意桌上取得成功，就必须安下心来，不急于求成，善用时间，掌握暂停的策略。

暂停是谈生意中一种很有用的策略，因为，它能测出谈生意对手对此的耐力和意志。但一般人对暂停却避之唯恐不及，好像很害怕似的。

但事实上，暂停并不代表失败，而是在考验谈生意双方的决心和毅力，给彼此一个软化态度的机会；尤其是在双方都找到了台阶可下时，更是愿意互相妥协，做出让步，以谋求更满意的结果。

当然，暂停也有风险。有的心结就很难打开，有些僵局就无法突破，"暂"字没有用场，就只有真的喊"停"了。

很少有人会拒绝让对方作一次自己人之间的私下交谈。贸易洽谈进行了一定时间以后，可以暂停五至十分钟。在其间，双方走出紧张的氛围，回顾一下洽谈的进展的情况，重新考虑自己在谈生意中的地位，或者清醒一下头脑再进入商讨，这都很有必要。

在整个谈生意过程中，人的注意力总是在谈生意开始时和快结束时高度集中，谈生意之初大家精力十分充沛，但不会持续多长时间，这种时候提出暂停的建议是会得到对方积极响应的。

暂停是有积极意义的，它使双方有机会重新计划甚至提出新的设想和方案，可以使双方在新的气氛下重新坐到一起，精力和注意力也再次集中起来。

值得注意的是，如果你想用这种方式来取得进展的话，那么首先你必须确认：在你愿意从你方立场上松动一下的情况下，对方是否也愿意从他们的立场上松动。如果不是这样的话，你将发现对方之力量有所增强，你则因为让步大败而归。因此，在你提出暂停时，你必须确知双方已经保证在复会时将有所动作。不要怕喊暂停，关键时刻该喊就喊，毫不迟疑！

买主和卖主并不总是想通过谈生意来达成协议。有些谈生意是要抢先于对方做出决定或拖延对方对己方不希望有的行动。

有些买主主动去与一家卖主进行谈生意，仅仅是想占住他的库存，与此同时再到别处寻找更低的价格。一些已经在时间——材料或者成本——加价基础上做工作的卖主，有意拖延达成固定价格协议，因为他们知道以后签约更为有利。外交谈生意也常常是为了掩盖一次预谋的进攻，或者是为了转移对军队集结的注意力。

"不想成交"谈生意是讨价还价的一部分。尽管常常是不道德的，但也不总是这样。下面是一些能利用这一战术实现目的的情况：

（1）用以影响别处的谈生意。

（2）为后来真正会谈打下基础。

（3）为别的人打下基础。

（4）占用产量或库存。

（5）搜寻信息。

（6）拖延不希望有的决定或行动。

（7）边谈边寻找其他方案。

（8）拖延时间以便让公众或第三方参与。

（9）表示妥协的愿望（有时根本没有这样的妥协）。

（10）在摸清基本意思后迫使冲突进入仲裁。

（11）转移注意力。

下次你再去讨价还价前最好问一下自己："这是一次不想成交的谈生意吗？"如果你怀疑他人不是真正想成交的话，那么你所采用的基本办法会有很大差别。

要善于多问少答

谈生意是一场技巧性很强的特殊的问答，对方之间相互设计、相互交锋，最后才一锤敲定。因此，谈生意大师都是"语言杀手"。

作为一个谈生意者，在谈生意桌上只答不问是一件非常危险的事。因为只有在刑事审讯中作为罪犯才受到类似的待遇。谈生意主要是双方在言语上的较量，多提问，少回答更容易占据上风，占据主动。提问也需要技巧，一个谈生意高手，同时也是一个提问高手。掌握提问的技巧，你才能成为一个合格的谈生意者。

因此，谈生意可以说是语言的艺术。

而在言语当中，主要是"问"和"答"。

有的人，不习惯问问题，而习惯于回答别人的问题。这种人在谈生意中会是一种什么样的形象呢？有点类似于被警察审讯的罪犯——我们知道，从来都是警察问问题，罪犯则无条件地回答。

谁占上风，谁占下风，不是一目了然的事吗？

所以，要在谈生意中掌握主动，绝对不可以只答不问，或多答少问！

一个高明的谈生意家，往往最善于提问题。

提问题在谈生意中占有重要地位，而且问题的好坏直接影响成败。以下是十个影响你提出有效问题的障碍，克服它将会战无不胜。

①应该避免问那种好像漠不关心对方的问题；

②避免让别人知道我们心不在焉；

③我们不喜欢刺探别人的隐私；

④有些实质问题，在激烈的谈生意中却忘了；

⑤别人在说什么都搞不清楚，更别提还要想问题了；

⑥有的问题你不知如何表达；

⑦不会问让对方不好意思的问题；

⑧只说不听；问问题的重点其实在所而不在说；

⑨如果回答太烂，人们就太容易放弃了；

⑩事前没把问题想清楚，在谈生意过程中又没有太多的时间可以思考问题。

如果你不会提问题，最明智的办法是退出谈生意。

问"为什么"是我们常用的一种提问方式，看似简单，其实也不简单。

使用"为什么?"的提问方式,在磋商阶段初期是有积极作用的,可以有助于我们了解对方所持态度的根本原因。

下面的对话:

"我最多只能出 10 万元。"

"为什么呢?"

"如果再多出,就无利可图了。"

"为什么会无利可图呢?"

如此等等。

这也可构成在某一阶段提出的一系列问题中的一部分。

对于这一策略的反措施是:对对方提出的"为什么?"型的问题,只提供最基本的情况,在直接答案后面不作详细的解释。当然,有一点要注意,在刚开始磋商的阶段,对方有权要求我们回答他们需要了解的有关情况。

要是对方提问"为什么"的频率太高,则应采取适当的对策。比如,在我方试图提出新的建议或准备让步的时候,对方无理地要求我方对所有细节都加以说明,则我方应开始作适度的反击。

必须掌握突破僵局的 15 种方法

谈生意一旦陷入僵局,对那些急性子的谈生意者绝对是致命的!因此可以说,僵持战术是专门为急性子的谈生意者而设计的。原因是谈生意只要陷入僵局,时间会无限制地延长,根本看不到有结束的可能——这对那些妄想一鼓作气地谈生意者无异于当头一棒!

1. 僵持是成败的开始

僵持是谈生意中最有力的战术之一，几乎没有什么东西能像它那样更有效地考验对方的力量和决心。而且大多数人都像避免瘟疫一样躲避僵局，他们害怕它。

有心理学家把僵持比作疏远。他告诉我们，人最害怕的事情之一是与别人隔离开来。人们为了避免破坏宝贵的关系而付出极大的努力，试验好像也证实人们宁可歪曲事实，也不愿与同辈人有分歧。疏远和僵持都令人不快。

每一个人都在某些时候遇到过僵持，我们都体会到它是如何的不舒服。当我们开始一个希望达成协议的谈生意时，僵局所留给我们的是一种失败的感觉，我们容易失去信心并对自己的判断产生疑问。"我们还应该通过其他方式来说些什么或做些什么吗？""还有些什么别的让步应该采取吗？""我们新管理人会怎样看待这次僵持？""我们应该接受最后那次报价吗？""这种僵持会对我们的声誉带来影响吗？"诸如此类的问题在折磨着双方。

难怪商人们都怕僵局，特别是当他们在为一大公司做事时更是这样。事实上一项坏的交易也比僵局容易向管理部门解释。更糟糕的是别人只要稍做让步便可打破僵局，用于削弱对方的僵持很快就会被忘却。如果把你自己放在买方或者放在推销员的地位，则很容易看出僵持并不对他们个人有利。承担风险或者多做些额外的工作不值得，从个人立场上看，它常常像是个愚蠢的举动。

僵持仅仅是谈生意战术中的一个。它也像任何其他方案一样值得考虑，但它不总是合适的，也就像任何其他战术不总是合适的一样。

没有管理背景的谈生意人员对僵持持犹豫态度，甚至该僵持时都不敢僵持。愿意敞开思想仔细考虑僵持问题的新管理人，肯定能改进他的工作。

僵持之所以有力量，在于它对双方产生的作用，它是对他们的决心和力量的严峻考验。僵局之后，买方和卖方都会被软化，双方都更愿意相互妥协，特别是能找到一个保全面子的方法时更是这样。那些愿意去试一试僵持的人，会获得较好的结果。不过，正像我们大家都懂得的那样，僵持确实包含着风险，声些僵局不能被解开，他们在"死"这个字眼上停止。

面对僵局，不要着急，要能忍！

2. 利用僵局达到目的

那些有耐心的谈生意者，面对僵局并不害怕，虽然僵局多多少少对他们也会有一些影响，但显然要少得多。相反，聪明的谈生意者还可以利用僵局，向被僵局搞得心慌意乱的谈生意对手施加压力。

在商业谈生意中，双方都希望能顺利地和对方达成协议，完成交易。但好事多磨，当遇到僵局时，如何应付它，利用它，使它变成争取成功的转机，就成为一个不可忽视的问题。

虽然人人都不喜欢僵局，但是别忘了，你的目的是通过谈生意取得利益，达到谈生意的成功，至于什么方式，就需随机应变了，当利用僵局有助于达到目的时，你倒不妨放开胆子一试了。

那些在僵局中的人容易产生沮丧的心情，出现人性软弱的一面，动摇信心，甚至怀疑自己的判断能力，这是谈生意者的大忌。而且在这种时刻，别的竞争者只要再做点让步，就会抢走你的生意，于是僵局给予双方的压力更大了。

在出现僵局的情况下，往往更能试探出对方的决心、诚心。

假如你冷静地判断对方是确有诚意要促成此交易的，是希望打破僵局的，那么你就可以适当采取一些积极的行动，稍作一点让步，抑或只是形式上的让步，都可以使对方看到你的诚意，情况就往往会出现转机，使对方的态度明显缓解。但要注意，假如你发现这僵局有可能是对方故意制造的，你稍作一丝让步可以成为一个试探气球，如对方仍不松口，这时候你最好也能坚持下去，打他个持久战。

僵局如同其他战略一样，也是需要各方配合的，在没有上级支持的情况下，即使这种战略有效，谈生意者也往往不愿冒这个险，因为坏合同也比僵局易于向上级交差。所以上级决策层应授命他的谈生意人员使用这种战略，提供他合作和耐心，使他能够利用僵局而获胜。更重要的是让谈生意者知道，绝不会因僵局的出现而引起对他商业谈生意能力的怀疑。

但总的说来，僵局的利用仍是一种置之死地而后生的策略，过于冒险。一旦僵局就此僵住，怎样也打不开，就只好宣布谈生意失败了。这恐怕是任何一方谈生意者都不愿看到的结果。

只有善于利用僵局，把握僵局的人，才能最后胜出！

3. 突破僵局 15 法

面对僵局和来自对手的咄咄逼人的压力，急性子的谈生意者要想扭转局面，反败为胜，唯一的机会是想办法打破僵局，使时间重新"动"

起来!

许多谈生意是因错误的原因而中断的。僵持本身并没有错。卖主有理由因价格太低而不与某人做交易,买主喜欢把僵持作为一种战术来达到他的目的。这都无可厚非。我们关心的是如何才能打破我们所不想有的僵局。

以下 15 种策略可以避开或打破僵局:

①改变收款的方式。较高的预付金、较短的支付期,甚至在总金额不变的情况下,采用另一种不同的现金流动,也会产生奇妙的结果;

②更换谈生意小组成员或小组的新管理人;

③变更不确定因素的时间顺序。例如把协议中的某些困难部分推迟到晚些时再进行谈生意,那时已了解了更多的信息;

④勇于共担风险。有分摊未知损失和收益的愿望,能够恢复一场拖延下来的讨论;

⑤改变实施的时间进度;

⑥提出妥协的程序或保证来打破僵局;

⑦把讨价还价的重点从竞争转向合作。让双方工程师接触,操作人员在一起,新管理人在一块;

⑧改变合同的种类;

⑨改变百分比的基数。一个较大基数的较小百分数或者一个较小基数的较大百分数可以使事情沿轨道继续进行下去;

⑩找一个调解人;

⑪ 安排一次最高级会议或“热线”电话;

⑫ 增加真的或显而易见的选择。提供未必能采用的选择可能缓解

紧张形势，以利交易的进行；

　　⑬ 对技术规格或条件做些变动；

　　⑭ 设立一个联合研究委员会；

　　⑮ 讲一个有趣的故事。

　　打破僵局者所以能成功，是因为他们善于让对方重新回到讨论中来，这样能创造一种产生新方案的气氛。使人感到惊奇的是，引人一种新方案，有时可以使老主张看起来比以前更可以让人接受。

　　人们经常想知道在僵持发生之后，是由自己先走第一步，还是让他人先走第一步。按常理来说，你该让他先让步。问题是你不能确定他会不会这样做。你所能料想到的是僵持很可能对双方构成很大的压力，他不肯迈第一步但他欢迎你来这样做。

　　你该预先仔细地考虑该说些什么话或做些什么事，来为重新进行讨论和为另一方听取意见提供一种保全面子的办法。如果你在僵持发生之前就做到了这一点，那么你就能更好地处理问题。

　　谈生意的中断不总是由震惊世界的举动或者什么大的经济问题而引起的。像人的个性差异、怕丢面子、组织中的麻烦、与新管理人的关系不佳，或者全然无力做出决定这类小事都会导致谈生意中断。在设法打破僵局时必须考虑人的因素。不是说你要做什么，而是你怎样去做，这也许是最关键的。

　　打破僵局很可能牵一发而动全身，所以必须慎之又慎！

谈判收场的绝招

　　买卖双方谈生意，谈到什么地步可以告一段落了呢？按理说应该是彼此都认为对方已经没有可能再让步，继续努力已无济于事，因此，不再需要对方的任何信息，就到了最后决定的时刻了。

下最后决定，可能凭借的是事实或者直觉判断，总之又与宏旨无关，重要的是谈生意双方对谈生意的期望，以及结束谈判后的事宜。

以下提供 11 项技巧：

（1）表现出，对"结束谈生意"的积极态度，反复询问对方："既然我们对所有的问题都已达成共识，何不现在就签署协议呢？"

（2）在要求结束谈生意时，话不必过多，以免忽略了对方的反应，同时，话太多也会让对方觉得你紧张以及情绪不稳定。

（3）反复询问对方，影响达成协议的问题何在。或许在对方的回答里，你能够找到解决困境的线索。

（4）反复告诉对方，达成协议是很明智的抉择。尽量把理由说得堂堂正正一点。

（5）不妨假定谈生意已经达成协议。如果你是买方，准备一支笔记下协议要点，并询问对方支票开立的日期；如果你是卖方，询问买家货物该送往什么地方。

（6）和对方商量协议的具体内容，比如遣词用字、运送方式，以示该谈生意已在主要议题和价格上达成共识。

（7）以行动表示。业务人员开始填写订单，买方则给卖家购货凭证，并相互握手。行动可以具体表达你对达成协议的诚意。

（8）强调如果达不成协议的话，可能带来一些损失。有些人可能对得到什么无动于衷，但却非常在意失去什么。如果你是买方，你可以告诉对方，你提供这么优厚的条件，这已经超越了你的权限，所以如果对方不马上决定的话，等一会你新管理人来了，可能就没有这么好说话了，而且，老实说，还有很多人在排队等着这个千载难逢的机会呢！

（9）提供一项特别的‘优惠，诱使对方尽早结束谈生意。比方说，赠送折价券，允许分期付款、提供设备等等。

（10）以讲故事的方式告诉对方，某某人就是因为错失达成协议的机会，使自己陷入痛苦的境地，从反面托出双方成交是桩很值得的事情。

（11）除非屡遭拒绝，否则不要随便放弃。有一位颇富名气的共同基金营业员曾经对人说过，他总是在别人拒绝七次以后，才宣告放弃。